投资宝典系列

U0750142

数字货币

投资宝典

欧立奇　孟苓妍　刘瀚　著

电子工业出版社
Publishing House of Electronics Industry
北京·BEIJING

内 容 简 介

本书按照趋势、技巧、心态的知识体系介绍数字货币相关专业知识，共 7 部分 20 章。第 1～2 部分介绍区块链与数字货币投资基础知识，包括如何购买数字货币、如何挖矿、如何进行数字货币期货投资等；第 3～4 部分着重讲消息面对趋势的影响，包括会议与政策、数据统计与发布、国际局势变化；第 5～6 部分是对技术面的分析，包括 K 线、均线、MACD 均线、趋势线、黄金分割线等指标；第 7 部分属于数字货币投资的执行面，分别从做单原则、投资心理学、交易系统、投资者的心理误区和常见投资问题等角度阐述交易成功的终极法宝。

本书通过"小白"与"大鸟"的趣味情景对话形式，用 200 多个真实案例、漫画来组织讲解数字货币投资技巧，让读者容易理解数字货币投资过程中蕴藏的大智慧。

本书适合数字货币投资初学者、专业投资者阅读，也可作为数字货币、区块链行业相关就业人员和金融爱好者的参考书。

图书在版编目（CIP）数据

数字货币投资宝典 / 欧立奇，孟苓妍，刘瀚著. —北京：电子工业出版社，2018.11（2025.8重印）
（投资宝典系列）

ISBN 978-7-121-34642-2

Ⅰ. ①数… Ⅱ. ①欧… ②孟… ③刘… Ⅲ. ①电子商务－电子支付－支付方式－投资
Ⅳ. ①F713.361.3②F830.59

中国版本图书馆 CIP 数据核字（2018）第 141281 号

策划编辑：高洪霞
责任编辑：牛　勇　　　特约编辑：赵树刚
印　　刷：北京天宇星印刷厂
装　　订：北京天宇星印刷厂
出版发行：电子工业出版社
　　　　　北京市海淀区万寿路 173 信箱　　　邮编：100036
开　　本：720×1000　　1/16　　印张：16.5　　字数：370 千字
版　　次：2018 年 11 月第 1 版
印　　次：2025 年 8 月第 23 次印刷
定　　价：58.00 元

凡所购买电子工业出版社图书有缺损问题，请向购买书店调换。若书店售缺，请与本社发行部联系，联系及邮购电话：（010）88254888，88258888。

质量投诉请发邮件至 zlts@phei.com.cn，盗版侵权举报请发邮件至 dbqq@phei.com.cn。
本书咨询联系方式：010-51260888-819，faq@phei.com.cn。

前　言

《数字货币投资宝典》是一本什么样的书呢？

首先，本书不会刻意介绍各种数字货币及其衍生品的区别，比如比特币、莱特币、达世币的区别。因为数字货币市场是全球统一体。

本书主要讲如何看全球数字货币、区块链市场的大趋势。如果你把数字货币涨跌的大趋势看准了，不管选择比特币还是莱特币，都能赚钱。就像刀枪剑戟都可以作为兵器，而东方不败的武器仅是一根绣花针，前提是你必须是武林高手才行。本书不重点介绍兵器本身，而是将重点放在如何提升内功上。

所以本书第 1 个关注点是趋势。

其次，本书也不会用大量篇幅讲数字货币历史，这不是数字货币投资者关注的重点。本书介绍的是具体操作技巧：如何读懂 K 线、均线、MACD 等指标。这些都是为实际操盘服务的，适用于理论联系实践。俗话说："工欲善其事，必先利其器"。投资者只有熟练掌握这些经典技术指标，才能在数字货币市场上"所向披靡，叱咤风云"。但本书也不会为了讲技术面而堆砌几十个指标，指标在精不在多。

所以本书第 2 个关注点是技巧。

再次，本书不会为你推荐所谓的平台和老师，也不会教你如何分辨平台的好坏。因为这也不是问题关键。为什么呢？即便正规平台又如何，依然有人赚钱有人赔钱。甚至在同样的点位进去，有人拿单坚决赚得盆满钵满，有人却倾家荡产。为什么？心态不一样。所以拥有一个良好的交易心态是成功的必备条件。

所以本书第 3 个关注点是心态。

数字货币市场也是一个博弈市场，有人赚就一定有人亏。如果想要轻松获利，你就要在学习专业知识方面加倍努力。当然，关于数字货币的书籍数不胜数，那么，选择一本好书便是找到了赚钱的捷径。本书全面、透彻地介绍了关于数字货币投资的专业技巧，力求揭开数字货币涨跌背后的真实面目。通过本书的学习，希望读者可以运用好投资工具，使自己的资产不断增值。

本书与其他区块链数字货币投资书籍的不同之处主要体现在下面四点。

全面

消息面和技术面对于任何投资者来说都是非常重要的，技术面的分析并不是百分之百的准确，一些特有的数据公布的时候，技术面是预测不到的，此时就必须看好消息面的预测值。

目前，关于数字货币投资方面的书籍，对技术面讲得多，对消息面讲得太少。即便有些书籍涉及，消息面也是一带而过，比如战争对比特币的影响，实际上这样阐述消息面是非常不负责任的。本书共用两部分五个章节来详细阐述各种消息面，特别对非农、GDP 报告、加息、美联储政策、黑客入侵、公投、选举等与市场非常紧密的消息面进行仔细解读，紧扣市场脉搏，更加与时俱进。

易懂

目前，很多数字货币投资的书籍内容抽象、晦涩，让人无心阅读。本书通篇采用对话式结构，通过"小白"与"大鸟"的趣味情景对话形式，用多个小故事、案例、漫画来组织讲解数字货币投资技巧，语言生动、直白，把复杂的问题简单化，让读者容易理解在比特币投资过程中蕴藏的大智慧。

时新

本书用比较新颖的案例作为参照，案例多半取自 2016—2018 年，内容更加时新，如美国总统选举、印度废除钞票事件、英国脱欧公投等，这些都是最近几年的热点案例。此外，美国芝加哥期权交易所（CBOE）于 2017 年 12 月 10 日推出比特币期货交易，但市面上介绍比特币期货的书籍寥寥无几，本书将详细讲述比特币期货的投资技巧。

专业

市面上的书籍大多讲解理论知识比较多，缺乏实践和案例，而本书近两百个经典案例都来自真实盘路记载，让读者可以通过现象看到本质。

　　此外，本书写作团队既有金融软件高级工程师，又有高级金融分析顾问，还有数字货币挖矿专家，每个人都在金融投资领域经营十年以上，具有一线实战经验。我们把数字货币投资过程中的真实感悟融入书中，给投资者以最真切的人文关怀。本书虽然不是一本万能书籍，但肯定是你数字货币投资路上的好助手、好伙伴。

　　本书主要由欧立奇完成（第 1～14 章），其他主要参与人员有孟苓妍（第 15～16 章）、刘瀚（第 17～18 章），还有贾伟、何金池、刘洋、秦晓东、李启高、马雪、马煜等，也特别感谢李诚同学在材料整理中的帮助。

目　录

第 1 部分　区块链与数字货币基础

第 4 部分　消息面之国际局势变化

第 5 部分　指标的神奇应用

第 6 部分　点位的精准计算

第 7 部分　执行面

第1部分　区块链与数字货币基础

第1章　区块链与比特币基础知识

区块链可以简单地理解为一种颠覆性的记账方法或数据库，核心是去中心化。与大多数货币不同，比特币不依靠特定货币机构发行，而是依据特定算法，通过大量的计算产生。

1.1　比特币历史

1.1.1　从纸币到比特币

小白 最早的货币是什么样子的？

大鸟 货币一开始以实物的形态呈现，如贝壳、金银等，因为它们具有稀缺性，用于充当一般等价物。

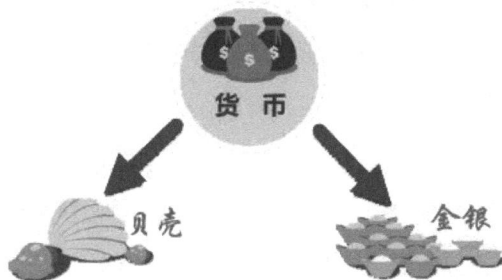

后来开始用纸币进行支付。面值 100 元的纸币制作成本可能只有几厘钱，却

能够换取价值 100 元的物品，这是因为有国家的信用背书。（背书是指票据的收款人或持有人在转让票据时，在票据背面签名或书写文句的手续。之后就引申为担保、保证的意思，即为自己的事情或为自己说的话作担保、保证）让人们相信本身没有什么价值的纸币能换购 100 元的商品。

随着互联网的发展，货币从纸币过渡到记账货币，比如发工资只是在你的银行卡账户上做数字的加法；买衣服只是做减法。整个过程都是银行记账，而且只有银行有记账权。

在 2008 年全球经济危机时，美国政府因为有记账权，所以可以无限增发货币，这个过程就叫作 QE。

小白 什么是 QE?

大鸟 QE（Quantitative Easing，量化宽松政策）简单理解就是"印钱"。其中量化指的是扩大一定数量的货币发行，宽松就是减少银行储备必须注资的压力。具体办法是各国央行通过公开市场购买政府债券、银行金融资产等做法，直接导致市场的货币供应量增加，可视为变相"印钞"。当银行和金融机构的有价证券被央行收购时，新发行的钱币便被成功地投入私有银行体系。量化宽松政策所涉及的政府债券不仅金额庞大，而且周期也较长。一般来说，只有在利率等常规工具不再有效的情况下，货币当局才会采取这种极端做法。

小白 为什么要实行 QE 呢？

大鸟 举一个形象的例子，大侠无忌有一些祖传的速效救心丸，行走江湖的时候中毒了来一颗，病危了来一颗，只要吃一颗就保准他生龙活虎满血复活。QE 就是这样一个类似速效救心丸的秘方。它出现在你绝望的时刻，让一切美好起来。QE 可以使市场流动性得到改善，可降低利息，而低息环境又为实体经济发展提供了优越的融资环境，这样就可以刺激经济发展。回想美联储 2008—2014 年的货币政策，2008 年为稳定金融系统，2010 年和 2012 年为了刺激经济增长，美联储都果断地服下了 QE 这一"速效救心丸"。

美联储这几年推出的 QE 确实对维护经济稳定起到了不小的作用，使美国经济迎来了连续五年的增长，失业率也从曾经的 10% 降到 2014 年的 5.9%，为美国 GDP 增长贡献了 3%，并且提供了 200 万个就业机会，现任主席耶伦和副主席费舍尔也力捧 QE。

小白 难道这样做不会带来负效应吗？多印了钱，是不是钱多了，货币就贬值了，有可能通胀？

大鸟 的确存在通胀的可能。但是请注意：美国的货币是全球性的货币，美联储虽然增加了货币发行量，可这部分货币主要以债券和国债的形式在国外流通。

小白 所以美国这个政策是让全球买单，以分解自己的压力。

大鸟 正是如此。美国的货币，也就是美元，是由美联储而不是美国政府发行的。美国政府通过向美联储写欠条，也就是国债，让美联储给政府印刷美元。政府使用这些钱去购买需要的东西，也就是说美元=国债，所以某人或某个国家拥有多少美元实际就是拿到了多少美国国债。

小白 那别的国家不骂街吗，我囤美元，结果你给我来个"大注水"？

大鸟 当然骂了，但是谁让人家是美元呢？这时候有一个叫中本聪的人觉得这样做很不靠谱，于是他想出了一种新型支付体系：货币不能超发，整个账本完全公开透明，十分公平，这就是比特币产生的原因和动机。

1.1.2　什么是比特币

小白　比特币到底是什么？

大鸟　比特币其实是特别简单的东西，只是现在了解比特币的往往都是技术人员，他们都习惯用专业术语来讲，几个术语抛出来就把大家砸晕了。

百度百科是这样定义比特币的：

比特币是一种 P2P 形式的数字货币。点对点的传输意味着一个去中心化的支付系统。与大多数货币不同，比特币不依靠特定货币机构发行，它依据特定算法，通过大量的计算产生。比特币经济使用整个 P2P 网络中众多节点构成的分布式数据库来确认并记录所有的交易行为，并且使用密码学的设计来确保货币流通各个环节的安全性。

小白　这一大串的学术名词都是什么呀？

大鸟　这样吧，我们来假设一个场景。

案例：小红花的故事

某所学校里的一个班级：大葱老师为了激励同学，会奖励表现良好和成绩进步的同学小红花，用这些小红花可以在班级的书架里面兑换动漫书、小说或漂亮的文具等。

此举很受同学们的欢迎，慢慢地，同学们之间的一些交易也开始用小红花作为媒介。比如，小瓜要借我的《名侦探柯南》，就要给我小红花，我得到了小红花就可以去班级的书架上租我爱看的小说。这样一来，小红花就成了我们班级的货币。

但是这个体系最终却崩溃了。

小白　为什么呢？

大鸟　因为有的同学为了能多换书籍和文具，开始自己制作小红花。小红花的量越来越多，超过了大葱老师往书架补货的速度，最终东窗事发，导致同学们再也不相信小红花了。

小白　就像假币一样。

大鸟━是的。看到这种情况，大葱老师想了一个办法：不再用实物形式的小红花了，而是记账！每个同学都有一个属于自己的"小红花账本"，同时在班长那里设置"小红花总账"。当交易发生的时候，同学在班长的见证下填写自己的账本。

班长确保一切正确后，就把这笔交易记录在"小红花总账"上。

比如，我想租借小明同学的漫画，要给他 1 朵小红花。那么我就在我的账本上记录"小红花−1"，小明在他的账本上记录"小红花+1"，然后我们再拿给班长看，班长觉得没问题后，就在"小红花总账"上记录这笔交易。如果有同学想偷偷修改自己的账本，那么就会和班长的总账对不上，就会出现问题。

但是这个货币体系也崩溃了。

小白━怎么又崩溃了？

大鸟━因为突然有一天，有同学发现班里长得美丽的女生总是有用不完的小红花。你懂的……

小白━明白了，班长舞弊了，把小红花都给美女了。那能不能让纪律委员监督呢？

大鸟━这是治标不治本的。如果纪律委员也舞弊了呢？

小白━也是。那该怎么办呢？

大鸟━大葱老师确实聪明，看似很难的问题他却想出了一个绝妙的解决办法。

大葱老师的办法如下：

① 不再设立总账。

② 每笔交易全班同学都要记账，不论这笔交易是否涉及你。

③ 在每天下午全部课程结束后，全班同学一起计算当天发生的交易。

④ 奖励每天最先计算出来的同学两朵小红花。

⑤ 在每天计算完之后，一笔交易只有与绝大多数同学记录的一致才能被承认。

举个例子：我想租借小雪同学的小说，需要支付给小雪 1 个小红花。我先把这笔交易记在我的账本上，然后把付款的单子传递给前后左右的同学，收到单子

5

的同学记录这笔交易后再传给周围的同学，直到全班同学都记录了这笔交易。

这样一来，有人要偷偷修改账本就很难了，他必须与全班同学的账本对账，只有绝大多数（超过半数）同学的账目能跟他的对上（也许有个别同学记错账），这笔交易才能得到认可。这样还调动了同学们计算账目的积极性，因为最早计算出来的同学有奖励。

小白〉现实生活中，应该不会有这样的班级和老师吧?

大鸟▶当然不会，我们只是模拟这个场景。我们总结一下:

① 在这个场景中，账本上的小红花就是一种数字货币，相当于比特币。

② 全班同学组成的网络就是一个 P2P 网络，每个同学就相当于一个节点。

③ "同学+账本"共同组成的系统就好比一个区域链。

④ 不存在一个保存在班长那里的"小红花总账"，这就是去中心化。

⑤ 最先计算出来的同学会得到奖励，这就是挖矿。

⑥ 有一个同学用计算器，算得比别人快，计算器就相当于矿机。

⑦ 如果同学的账本上面都不写自己的名字，而是用自己想的代码表示，这就是匿名性的体现。

小白〉这样说我能理解了，但是广场舞大叔大妈能理解吗?

大鸟▶其实他们也容易理解，我们就拿广场舞做例子。假设广场舞俱乐部为了鼓励大家多来跳舞，规定每来一次加 2 分，无故不来扣 3 分，领舞一次加 1 分……积分变动的情况由俱乐部的王阿姨来记录，积分可以在年底兑换花生油等奖品……

其实，在现实生活中，银行的职责和王阿姨的职责是一样的——都是记账（只不过王阿姨记的是积分，银行记的是钱）。发工资了，银行给你的账户上加 2000元；买了一瓶葡萄酒减 50 元；存款一年加利息 100 元；转账就是在你账户上减1000 元，在对方账户上加 1000 元……

但银行与王阿姨最大的不同在于，王阿姨是免费为大家服务的，银行却要向我们收钱。

小白〉如果某天我们不想让银行或王阿姨记账了，可以实现吗?

大鸟 当然可以了，比特币就是这样的。

我们可以把使用比特币的人看成一个广场舞俱乐部的成员，这个俱乐部的积分是这样规定的：

① 每个人最初的积分（就是比特币）都是 0。

② 社群里的人共同维护一个账本，无论是否有变动，账本每 10 分钟更新一次，更新后要通知社群所有人。

③ 社群里的任何一个人都有权记账，只要记账就能获得 50 个比特币的奖励（每四年减半，现在是 12.5 个比特币）。

④ 所有想记账的人都要算同一道数学题，第一个算对的人才有资格记账。

抢到记账权的人就可以得到转账的手续费。

那么，将小红花和广场舞的例子搬到网络中就是下面这个样子：

每个记账的同学就是一个节点。在网络中，用户在电脑上运行比特币客户端软件，这样的一台电脑被称为一个节点（Node）。我们把抢记账权从而获得比特币奖励的过程称为挖矿。这些节点联系在一起就形成了一个 P2P 网络，这些网络的节点都参与记账，就形成了一个分布式存储的系统——区域链。

1.1.3　比特币白皮书的诞生

小白 比特币白皮书是如何诞生的？

大鸟 2008 年在美国发生的金融危机波及世界各地，各国法定货币大幅贬值，人们手里的钱变得不值钱了。

2008 年 11 月 1 日，这个历史性的时刻，一位自称中本聪（化名）的人在网络上发表了一篇《比特币：一种点对点电子现金系统》的论文（比特币白皮书），文中描述了一个全新的数字货币系统——比特币。

比特币系统是一种去中心化的数字货币系统，它解决了在没有中心机构的情况下，总量恒定的货币的发行和流通问题。通过比特币系统转账，信息公开透明，可以放心地将比特币转给地球另一端的人，每一笔转账信息都会被全网记录。白皮书的问世，也标志着比特币的底层技术区块链的诞生。

1.1.4 创世区块

小白 > 第一个比特币是怎么被挖出来的呢?

2009 年 1 月 4 日，距离比特币白皮书的发布已经过去 3 个月了。终于，在这个伟大的日子里，白皮书的作者中本聪在位于芬兰赫尔辛基的一个小型服务器上，亲手创建了第一个区块——比特币的创世区块（Genesis Block），并且获得了第一笔 50 枚比特币的奖励，第一个比特币就此问世。

当时正处于 2008 年金融危机时期，为了纪念比特币的诞生，中本聪将当天的《泰晤士报》头版标题——*The Times 03/Jan/2009, Chancellor onbrink of second bailout for banks* 刻在了第一个区块上。中本聪这一举动清晰地展示了比特币的诞生时间。

1.1.5　谁是中本聪

小白 2008 年 11 月 1 日中本聪发表了比特币白皮书，并且于 2009 年 1 月 4 日首次挖出比特币。谁能动用创世区块里的比特币谁便是中本聪本人，所以谁是中本聪呢？

大鸟 历史上出现过很多个"中本聪"，2013 年，有人爆料在数学领域有过卓越贡献的望月新一就是中本聪，但是并没有给出直接证据。2014 年，黑客黑进了中本聪用过的邮箱，并且找到了邮件的主人多利安·中本（Dorian Nakamoto），随后多利安表示自己只是偶然获取了邮箱的地址和密码，并不是中本聪。2016 年，克雷格·赖特（Craig Wright）表示他是中本聪，并且能提供中本聪的私钥。但随后，赖特因为无法面对大家的质疑而撤回自己的声明。

所以到目前为止，谁是中本聪一直是一个谜。

1.2　区块链与比特币

1.2.1　区块链和比特币是什么关系

小白 我记得在 2018 年两会上，各个代表对于区块链的讨论如火如荼，区块链正在成为各行各业的最热话题之一，吸引更多的人关注这一领域。那么问题来了，区块链和比特币到底是什么关系？

大鸟 比特币虚拟货币 2009 年由中本聪发明，至今已 9 年。而区块链是比特币的底层技术，实际上就是它支持了比特币 9 年来的稳定性。区块链可以简单地理解为一种颠覆性的记账方法或数据库，核心是去中心化。与大多数货币不同，比特币不依靠特定货币机构发行，它依据特定算法，通过大量的计算产生，比特币经济使用整个 P2P 网络中众多节点构成的分布式数据库来确认并记录所有的交易行为，并且使用密码学的设计来确保货币流通各个环节的安全性。

这就突破了传统货币的中心点问题，我们都知道，无论是法定货币还是代币，都有特定的机构记账、审核、控制，都有中心点。区块链为比特币而生，但比特币仅仅是区块链众多应用中的一个。

区块链具有"去中心化"的特性，它的记账由全球参与的计算机来完成，只要有一笔交易产生，就会自动同步到全球参与的所有计算机当中。所以每个人手里都有一本正确的账本，不可修改（因为修改也没用，连上服务器一校对就知道你的账本是错的，除非你有能力黑掉全球 51% 的计算机），数量也是固定的。这解决了传统货币超发、通胀等问题，因此，区块链技术颠覆了传统金融瓶颈。

1.2.2 区块链记录的信息

[小白]区块链记录哪些信息？

[大鸟]区块链是比特币网络的大账本，每个区块相当于账本中的一页。那么"账本"内记载了哪些信息呢？目前，比特币的每个区块内主要记载了区块头、交易详情、交易计数器和区块大小等数据。

"区块头"内包含了除交易信息外的所有信息，主要包括上一区块头哈希值：用于保证区块按顺序串联；时间戳：记录该区块的生成时间；随机数：全网矿工一起 PK 的算术题答案；难度目标：该算术题的难度系数打分。

"交易详情"详细记载了每笔交易的转出方、收入方、金额及转出方的数字签名，是每个区块内的主要内容。

"交易计数器"表述每个区块中包含交易的数量。

"区块大小"表示每个区块数据的大小，当前每个区块限定在 1MB 以内，不排除以后有扩大的可能。

1.2.3 时间戳

[小白]时间戳是什么？

[大鸟]时间戳是指格林威治时间 1970 年 01 月 01 日 00 时 00 分 00 秒起至现

在的总秒数。通俗地讲，时间戳是能够表示一份数据在一个特定时间点已经存在的完整可验证的数据。区块链通过时间戳保证每个区块依次顺序相连。时间戳使区块链上每一笔数据都具有时间标记。

简单来说，时间戳证明了区块链上什么时候发生了什么事情，并且任何人无法篡改。

小白>时间戳的用处是什么？

大鸟>时间戳在区块链中扮演公证人的角色，而且比传统的公证制度更可信，因为区块链上记录的信息无法被任何人以任何方式修改。因为运用了时间戳，所以区块链技术很适用于知识产权保护等领域。假如你写了一篇论文，在发布之前想找行业专家指点一下，但是你担心专家直接用他的名义发表。这时候，你只需先将论文保存在链上便可以轻松证明版权了。

1.2.4　比特币和 Q 币的不同点

小白>比特币和 Q 币有哪些不同点？

大鸟>比特币是一种去中心化的数字资产，没有发行主体。Q 币是由腾讯公司发行的电子货币，类似于电子积分，其实不是货币。

Q 币需要有中心化的发行机构，因为腾讯公司的信用背书才被认可和使用，使用范围也局限在腾讯公司的游戏和服务中。Q 币的价值完全基于人们对腾讯公司的信任。

比特币不通过中心化机构发行，但却能够得到全球的广泛认可，因为比特币可以自证其信。比特币的发行和流通由全网矿工共同记账，不需要中心机构也能确保任何人都无法窜改账本。

1.2.5　区块链扩容

小白 区块链扩容是什么？

大鸟 在比特币诞生之初，比特币的创始人中本聪并没有特意限制区块的大小，区块最大可以达到 32MB。

当时，平均每个区块大小为 1KB～2KB，有人认为区块链上限过高容易造成计算资源的浪费，还容易发生 DDOS 攻击。因此，为了保证比特币系统的安全和稳定，中本聪决定临时将区块大小限制在 1MB。

那时的比特币用户数量少，交易量也没有那么大，不会造成区块拥堵。自 2013 年至今，比特币价格直线飙升，用户越来越多，比特币网络拥堵、交易费用上升的问题逐渐涌现出来。

比特币社区开始探索如何给比特币扩容，即通过修改比特币底层代码，达到提高交易处理能力的目的。

1.2.6　比特币分叉

小白 比特币分叉是什么？好像还有硬分叉和软分叉的说法？我分不清楚。

大鸟 大家知道，区块链是链式结构，每个块和上一个块首尾相连。由于同一时间内只有最先算出这个块哈希值的矿工才有记账权，即可以把自己的账本挂到主链，因此一般情况下同一时间只出一个块。如果同时出了两个块，矿工把交易信息相同但签名不同的块都挂在主链上，这就形成了分叉。比如，矿工老张和小张同时把自己的块记在了主链上，这就是分叉。

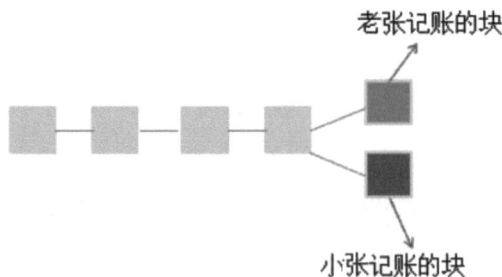
老张记账的块
小张记账的块

小白 如果形成分叉，怎么办呢？

大鸟 不要紧。通常情况下，后面的矿工会选择 1 个块继续记账，时间长了会有 1 条链变得很长，成为新的主链，剩下的那条链就自动废弃了。

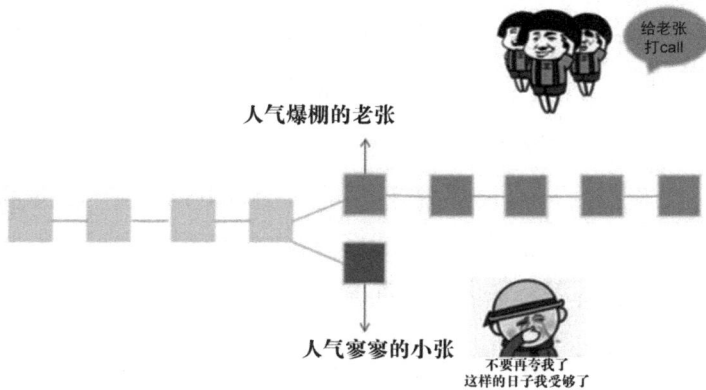

以上图为例，按照这样的情形发展下去，老张记账的那个块延伸出的链会成为新的主链，小张记账的那个块就会废弃。

小白 如果小张记账的那个块的人气也很高，矿工们不断往小张记账的块上挂新的账本，两条链的算力相当，会发生什么事情呢？

大鸟 这样就会真的分叉成两条链。比如现在市面上的分叉币：BTG、BCH、BCD，可以理解为小张 1 号、小张 2 号、小张 3 号，小张们和他们的粉丝团不断维护着自己的链，生生不息。需要说明的是，小张们的链并不是在同一区块高度分叉的，往往每个小张的眼光不一样，选择的区块高度也不同。

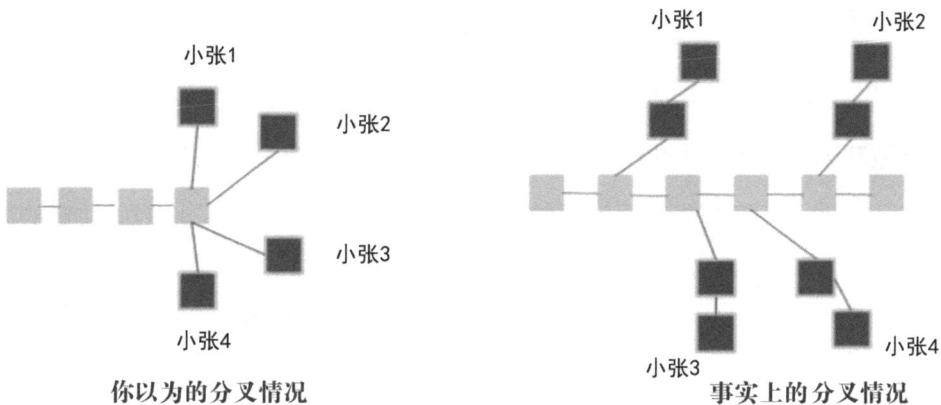

你以为的分叉情况　　　　　　　事实上的分叉情况

小白 这么多小张，小张的链和之前的链有什么区别吗？

大鸟 当然有区别了。一般来说，分叉的链会在性能上对比特币原来的区块链做升级和改进，比如扩容、改进共识机制、改变块间隔时间等。因为它们对原来链的技术进行了永久改进，旧的链和新的链彻底发生了变化，所以以上这些都是硬分叉。硬分叉的特点之一是会有新的代币产生，像刚刚列举的 BTG、BCH、BCD 都是新的代币，也就是适用于新链上的数字货币。

2017 年 8 月，社区就扩容方案达成共识，激活了隔离见证扩容方案，比特币区块链的处理速度扩大至 1.8 倍。在随后的 4 个月里，比特币相继发生了多次分叉，产生了多个分叉币，很多比特币爱好者戏称比特币"生了很多儿子"。

小白 有了新的代币，原来的比特币怎么办呢？

大鸟 原来的比特币还可以流通，而且如果你有 1 个比特币，那么比特币分叉后会免费得到新的分叉币，得到的比特币可能是 1 个也可能更多。这就很像比特币生了小比特币，所以也有人把比特币的分叉币叫作"比特币太子"。

小白 说完硬分叉，该说软分叉了吧？

大鸟 硬分叉是新的链对旧的链进行改变，旧链无法兼容新链。软分叉恰好相反，旧的链可以兼容新的链。硬分叉时，链上的节点必须升级到分叉后的版本协议，软分叉则不用。打个比方，硬分叉就像一条路分出了多条小路，如果要走这些小路需要更换交通工具；软分叉就像在原来的路旁修了一条辅路，乘坐原来的交通工具走辅路也是可以的。

1.2.7 区块链的缺点

小白 区块链有这么多优点，缺点是什么呢？

大鸟 区块链不能解决所有问题，中心化的网络依然有不可替代的作用。

不可篡改、不可撤销既是区块链的优点也是区块链的缺点，你对区块链的数据变动几乎无能为力，主要体现在：如果转账地址填错会直接造成永久损失且无法撤销；如果丢失密钥也会造成永久损失且无法挽回。而现实中，如果你的银行卡丢了，或者你忘记了密码，还能到银行营业点处理，你的钱还在。

交易账本必须公开。区块链是分布式，在公有链上等于每个人手中都有一份完整账本，并且由于区块链计算余额、验证交易有效性等都需要追溯每一笔账，因此交易数据都是公开透明的，如果我知道某个人的账户，就能知道他的所有财富和每笔交易，没有隐私可言。

　　每个人都有一份完整账本，并且有时需要追溯每笔记录，因此随着时间推移，交易数据超大的时候就会有性能问题。例如，第一次使用时，需要下载所有交易记录才能正常工作；每次交易时，为了验证你确实拥有足够的钱，还需要追溯每笔交易来计算余额。虽然可以通过一些技术手段（如索引）来缓解性能问题，但问题还是明显存在的。

　　区块链的交易是存在延迟性的。以比特币为例，当前产生的交易的有效性受网络传输影响，因为要被网络上大多数节点得知这笔交易，还要等到下一个记账周期（比特币控制在 10 分钟左右），也就是要被大多数节点认可这笔交易。还受一个小概率事件影响，就是当网络上同时有两个或两个以上节点竞争到记账权时，那么在网络中就会产生两个或两个以上区块链分支，这时候到底哪个分支记录的数据是有效的，则要再等下一个记账周期，最终由最长的区块链分支来决定。因此区块链的交易数据是有延迟性的。

第2章 常见数字货币介绍

区块链从过去只有一棵大树（比特币），到如今变成了一片森林。现在已经出现了越来越多的币种，区块链的基础设施也不断完善起来。

小白＞我不懂币种之间的区别，以前只听说过比特币一种数据货币。

大鸟＞这点知识量可不足以让你在币圈立足，其实数字货币的种类很多。2016年之前，区块链只有比特币和山寨币（Altcoin）之分。比特币作为区块链的基础货币，地位是毫无争议的。这种先发优势带来的价值极高，不知道区块链的人很多，不知道比特币的人却极少，虽然知晓的程度或多或少存在偏差。

而随着区块链的发展，以及更多基础链被推出（以太坊、BTS、量子链、AE及超新星 EOS），区块链的基础设施不断完善起来。这类平台早已不再是简简单单的"币"的概念了，继续把它们称之为山寨币是非常不妥的，圈内很多人甚至把它们称之为"竞争币"，这也是非常错误的理解。

小白＞那应该把它们叫作什么呢？

大鸟＞区块链从过去只有一棵大树（比特币），到如今变成了一片森林。过去中心化的网络无法解决的问题或需求，开发者们正试图通过区块链技术来解决，或者已经解决。

小白＞目前虚拟世界中存在着无数种数字货币/代币，那么它们怎么分类呢？

大鸟＞它们基本可以分为以下几类：

① 基础型。

② 比特币衍生型。

③ 仿比特币型。

④ 平台型。

⑤ 应用型。

2.1　基础型

小白〉基础型数字货币是什么呢?

大鸟〉首先是比特币（BTC），它是区块链中的基础货币；其次是 ZEC，也叫 Zcash，BTC/ZEC 会成为区块链世界的基础货币。

小白〉比特币我知道，Zcash 又是什么啊?

大鸟〉Zcash 与比特币极其相似，但又有所不同。尽管 Zcash 与中本聪的比特币设计在结构上存在很多类似之处，不过，它利用了先进的新型加密技术来提供可选的和改进过的隐私和透明度，以及使用自己独特的区块链。Zcash 的代币供应模式与比特币极其相似——同样拥有一种固定的和已知的发行模式，大约每 4 年产量就会减半一次。并且，Zcash（ZEC）和比特币（BTC）一样，其最大供应量也是 2100 万。Zcash 通过零知识证明（Zero-knowledge Proof）解决了比特币没有解决的问题（隐私），无法被跟踪，同时只能显卡挖矿让算力无法被集中化，在去中心化这方面 Zcash 做得更好。

小白〉你刚才说了一个概念——零知识证明，这是什么意思啊?

大鸟〉我们先来看一个童话故事片段，这就是最简单易懂的零知识证明的例子。

案例：阿里巴巴与四十大盗

阿里巴巴知道打开藏着财宝的山洞的咒语，于是强盗抓住他让他说出咒语。如果阿里巴巴说出咒语，就会因为没有利用价值而被杀死；如果阿里巴巴坚持不说，强盗不会相信他真的知道咒语，也会杀死他，于是阿里巴巴想了一个好办法。他对强盗说："你们离我一箭之地，用弓箭指着我。你们举起右手我就念咒语打开石门，举起左手我就念咒语关上石门。如果我做不到或逃跑，你们就用弓箭射死我。"强盗举起了右手，只见阿里巴巴的嘴动了几下，石门果真打开了；强盗又举起了左手，阿里巴巴的嘴动了几下后石门又关上了。强盗还是有点不信，认为这可能是巧合，于是他们不断地换着节奏，一会儿举右手，一会儿举左手，石门也跟着他们的节奏开开关关。最后强盗们想，如果还认为这只是巧合，自己未免是一个傻瓜，还是相信阿里巴巴吧。

零知识证明可以说是证明者向验证者表明他知道某个秘密，不仅能使验证者确信他的确知道这个秘密，同时保证秘密不泄露给验证者。大致可以归纳为，证明者能够在不向验证者提供任何有用信息的情况下，让验证者相信自己。这里需要强调其"零知识"性，即验证者不能在验证过程中获取新的知识，文末会举例说明。这里的验证会存在误差，即恶意验证者，但是也可以用技术将误差降低到可以忽略的值。

"零知识证明"是由 S.Goldwasser、S.Micali 及 C.Rackoff 在 1985 年提出的。它通过给传统的数学证明引入随机性和交互，即以问答方式进行证明，由此产生交互证明系统（之后也有非交互性的），这为整个计算机科学和密码学的发展带来了深远影响。后来通过协议改进与工具支持，将零知识证明从理论带到了应用中。

加密货币 Zcash 正是使用了这种理论，一出现便受到了市场狂烈的追捧，上市之初产生了几十甚至几百个 BTC 换一个 ZEC 的场面。

2.2 比特币衍生型

小白>比特币衍生型主要指什么？

大鸟>主要指比特币现金 BCH。

小白>有一个比特币，又有一个比特币现金，它们是什么关系呢？

大鸟>比特币是目前世界上最受欢迎的加密货币，2017 年 8 月 1 日起分为两个方向，在一个被称为"硬叉"的事件中，诞生了一种被称为"比特币现金"的新数字货币。

由于版本切换，比特币区块链被分叉至两条独立的区块链。在分叉前拥有比特币的所有人都有权获得相同数量的"比特币现金"代币，类似于股票中的股息派发。

比特币现金是由一小部分比特币开发者推出的配置不同的新版比特币，是一种新型的区块链资产。

在 2017 年 8 月 1 日 20:20，比特币现金开始挖矿，每个比特币投资者的账户上都出现了与比特币数量等量的比特币现金。

小白>比特币（BTC）与比特币现金（BCH）有哪些相同点，又有什么不同点呢？

大鸟>两者的传输方式相同：比特币现金和比特币两者是完全分散的，中央银行不发行，也不需要第三方来操作，是通过互联网来传输的电子现金。

比特币现金的前身就是比特币。在分叉之前它存储的区块链中的数据及运行的软件是和所有比特币节点兼容的，而到了分叉那一刻，它开始执行新的代码，打包大区块，形成新的链，即比特币现金。

它们的不同点主要有以下几个。

1）记录交易信息的区块容量不同

比特币的区块容量是 1MB；比特币现金删除了隔离验证（SegWit），取消了区块大小 1MB 的限制，最大可支持 8MB 区块，坚持的是链上扩容路线，是 BitcoinABC 方案产生的区块链资产，具有更大的稳定性、安全性，在特定的时间内也可以支持更多的交易。比特币现金被挖出的第一块 BCH 区块，大小已经超过了 1MB。

2）两者的算法难度不同

比特币的上限是 2100 万枚，随着被挖的量越来越多，算法难度就会有所增加；而比特币现金采用动态难度调节模式，生产难度会根据整个比特币现金网络中的算力来调节。加入的节点越多，难度越高，反之则难度降低。

2.3　仿比特币型

小白 仿比特币型的数字货币是指什么呢?

大鸟 以莱特币、达世币为代表的币，直接拷贝比特币的源码，改一下参数，或者按照自己的理解进行优化。据不完全统计，已知的仿比特币型的数字币超过 1500 种，当然 99%都已经成了归零币（价值=0），少数存活下来的市值排名也早已大不如前。

2.3.1　莱特币

小白 莱特币是指什么呢?

大鸟 莱特币，英文叫 Litecoin，简称 LTC，诞生于 2011 年 11 月 9 日，创始人是查理·李（Charlie Lee）。

莱特币的宗旨是改进比特币,所以它和比特币有很多相似之处,在行业中有"比特金,莱特银"的说法。相较于比特币,莱特币总量更大一些,确认速度更快一些。

它的总量是比特币的 4 倍,即 8400 万枚;它的产量减半时间和比特币一样,都是 4 年;它的共识机制和比特币也一样,都是工作量证明机制(Pow);它的区块时间是 2.5 分钟,是比特币的 1/4,每 2.5 分钟打包一个区块;它的区块奖励最早是 50 枚莱特币,截至 2018 年 1 月,它的区块奖励为 25 莱特币,已发行量约为 5400 万枚。

2.3.2 达世币

小白 达世币是指什么呢?

大鸟 达世币诞生于 2014 年 1 月 18 日,匿名程度较比特币更高。达世币有三种转账方式,一是像比特币一样的普通转账;二是即时交易。不需要矿工打包确认就可以确认交易,几乎可以实现秒到;三是匿名交易。从区块链上看不到谁和谁进行了转账。

达世币如何进行匿名交易呢?达世币中除了普通节点,还有一种节点叫"主节点"。主节点可以提供一系列服务,如匿名交易和即时支付。想进行匿名交易的交易者发起匿名申请,由主节点进行混币,一般是 3 笔交易一起进行混币。举一个例子,一桌人先把自己的钱都放在桌上混在一起,再分别拿回相应面值的钱,这样就不知道自己手里的钱到底是谁的了,这就是混币。混币后,网络就不知道究竟谁转账给了谁。

2.4 平台型

小白 平台型数字货币是指什么呢?

大鸟 以太坊、量子链、比特股、PressOne 这类平台是什么呢?大致可以理解为开发了一套系统,大家可以在这个系统内搭建 DAPP(去中心化应用),而代币是这个系统类运行所需要的血液。

EOS 是更底层的系统,是一套搭建公链的基础设施,在账户管理、并发处理、代码升级等方面做出了巨大的改革,PressOne、欧链等项目就是在它的基础上搭建的,而 EOS 代币更像一种资源。

2.4.1　以太坊

小白 以太坊是什么?

大鸟 以太坊又叫以太币,简称 ETH。

2013 年年底,Vitalik 发布以太坊白皮书;2014 年 7 月,开始以太币的预售。那时候,圈内人称这种代币发行为"币众筹"。在 42 天的预售期内,以太坊团队通过预售 60102216 个以太币,募集了 3 万多个比特币;还对预售之前参与开发的早期贡献者、长期从事项目研究的开发者分别按照当时以太币发售总量的 9.9%进行分配。所以,以太坊正式发行时有 7200 多万个以太币。以太坊预售结束后,采用工作量证明机制(PoW)进行挖矿,每年按照当时发行总量的 26%奖励矿工。2014 年 10 月,以太坊将区块的出块时间从 60 秒缩减到了 12 秒,目前基本稳定在 15 秒,每个区块奖励 5 个以太币。

虽然都采用 PoW 挖矿机制,但是以太坊的出块机制和比特币的出块机制还是有区别的。由于以太坊的出块时间短,导致以太坊很容易形成孤块,即不在最长链上的区块。比特币的孤块没有任何区块奖励,但是在以太坊中,孤块可以被引用,被引用的孤块被称为"叔块(Uncle Block)",它们打包的数据也会记录在区块链中。和比特币不一样,以太坊的叔块有奖励,每个叔块最多可以获得 4.375 个以太币的奖励。

以太坊是一个可编程的、图灵完备的区块链开发平台,相当于一个去中心化的全球计算机。在一个编程系统之上,通常会有一些编译和执行的虚拟机去做支撑。JAVA 有虚拟机 JVM,以太坊也有虚拟机 EVM,可以执行任意复杂的算法代码。开发者可以使用现有的 JavaScript 或 Python 等编程语言,在以太坊上创造出自己想要的应用。通过以太坊的虚拟机,你可以很简便地发行数字资产,编写智能合约,建立和运行去中心化的应用,成立去中心化自治组织等。

2.4.2　EOS

小白 EOS 是什么？难道是佳能相机吗？

大鸟 EOS 是一个区块链开发平台，具有可扩展性强、支持大规模商业应用等特点。

首先，EOS 采取 DPoS 共识算法及其他技术手段，预期实现每秒百万级别交易请求，能够支持数千个商业级的 DAPPs。

以太坊是一条公链，在以太坊链上运行的每一个应用都会消耗整条链的资源，但 EOS 只是区块链基础架构，开发者可以自由地在 EOS 上创建公链，链与链之间不会影响彼此的资源使用，不会因个别应用资源消耗巨大而造成网络大面积拥堵。

其次，在 EOS 上转账与运行智能合约并不需要消耗 EOS 代币，这将吸引更多的用户。

最后，在 EOS 上出现系统错误时，其算法可用于区分此错误是否确实为 Bug，判断社区的修复举措是否得当。

2.5　应用型

小白 应用型数字货币指什么？

大鸟 根据产品的业务逻辑设置发行的资产，比如去中心化无服务器的云盘 SIA 发行的 Siacoin（SC），以及游戏竞技平台第一滴血发行的 1ST（一血）等，这些资产需要从市场角度判断该产品的可行性，应用能否成功是价值判断的关键。

第 2 部分　区块链与数字货币投资

第 3 章　如何购买比特币

生活中我们都有自己的银行账户，转账是在银行账户之间进行的。与此类似，比特币转账就是把比特币从一个比特币地址转移到另一个比特币地址的过程。

3.1　比特币购买流程

小白 比特币那么贵，好像一枚比特币都要 1 万美元，我买不起啊！

大鸟 一枚比特币是可以分割成 1 亿份的，几千元也是可以购买的。所以不用担心比特币太贵买不起的问题。

小白 作为一个新人，比特币到底该怎么买？

大鸟 本书不会推荐具体的交易平台。但是一般来说，作为一个新人，购买比特币的步骤如下图所示。

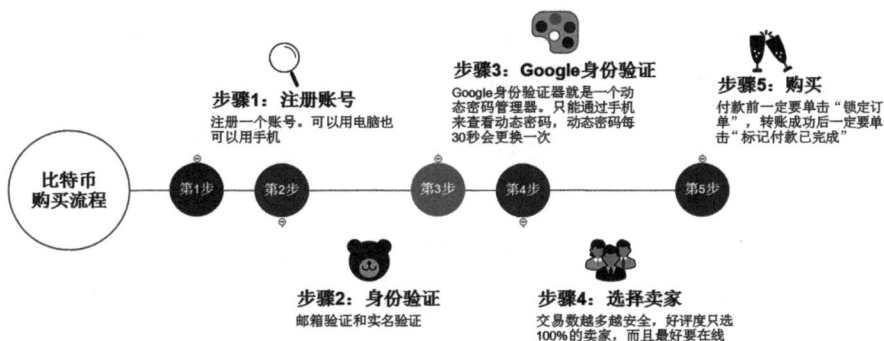

步骤1：注册账号
注册一个账号。可以用电脑也可以用手机

步骤3：Google身份验证
Google身份验证器就是一个动态密码管理器。只能通过手机来查看动态密码，动态密码每30秒会更换一次

步骤5：购买
付款前一定要单击"锁定订单"，转账成功后一定要单击"标记付款已完成"

比特币购买流程　第1步　第2步　第3步　第4步　第5步

步骤2：身份验证
邮箱验证和实名验证

步骤4：选择卖家
交易数越多越安全，好评度只选100%的卖家，而且最好要在线

3.1.1 第一步：注册账号

小白 注册账号时怎么做呢？

大鸟 只要买卖数字货币，一定要注册一个账号。本书不推荐具体的交易平台，大家可以在网上找寻大一点的可靠的交易平台，有些平台或网站只能用电脑操作，有些支持手机操作，这里推荐大家使用电脑操作。一般来说，不管是网站还是平台，都有"注册"按钮。

进入注册页面，输入账号及密码。

3.1.2 第二步：身份验证

小白 身份验证时怎么做呢？

大鸟 身份验证包括邮箱验证和实名验证。

邮箱验证是指单击邮箱验证按钮，系统将会自动发送验证邮件至你注册的邮箱中，到邮箱中检查信件并单击链接即可完成邮箱验证。

实名验证需要查看 ID 类型（身份证或护照）。实名验证比较简单，准备一张你的生活照（面部清晰）和证件正反面照片，按照要求上传即可。

身份验证级别越高，可以交易的金额越大。一般来说，通过邮箱验证可交易1000 元人民币以下，通过实名验证可交易 1000～50 000 元人民币。这里推荐大家先完成实名验证，否则很多卖家不会和你交易。

3.1.3　第三步：开启 Google 身份验证

小白　怎么开启 Google 身份验证呢？

大鸟　这需要使用 Google 身份验证器。

小白　Google 身份验证器到底是什么东西啊？

大鸟　简单来说，Google 身份验证器就是一个动态密码管理器。只能通过手机来查看动态密码，而且动态密码每 30 秒更换一次。如果你在某个网站开启了身份验证，除了需要输入正确的账号和密码，还需要用手机查询当前的动态密码，并且这个动态密码在 30 秒后就无法使用了。加入动态密码之后，账号的安全性就大大提升了！

小白　使用 Google 身份验证器就没有风险吗？

大鸟　使用 Google 身份验证器有一个风险——动态密码只存储在手机里，如果没有做好备份工作，手机丢失后你自己也登录不上去了。

小白　那到底该如何使用 Google 身份验证器？

大鸟　它的使用步骤如下图所示。

安装Google验证器 ➡ 开启验证功能 ➡ 扫码匹配 ➡ 输入密码完成绑定

（1）在手机上安装 App。苹果手机用户进入 App Store，搜索"Google Authenticator"，安卓手机用户进入应用商店，搜索"Google Authenticator"或"谷歌身份验证器"或"谷歌动态口令"。图标如下图所示。

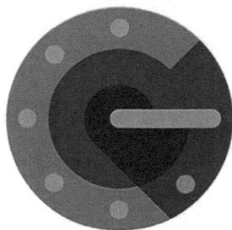

（2）在网站后台开启验证功能，一般的网站都会有一个"两步验证"按钮，单击该按钮进入即可。

Account Credit
Change Password
Account Contact
Two-Step Verification	← 两步验证

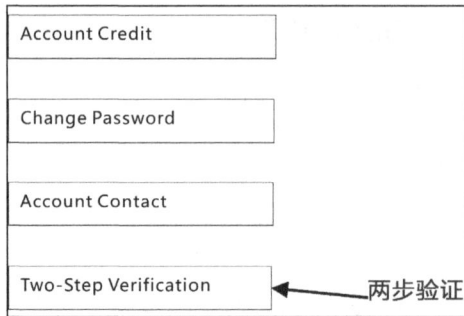

（3）扫码匹配。用 Google 身份验证器（不使用微信）来扫描后台里的二维码，扫描成功后手机里就出现了对应的动态密码。

用两步验证软件扫描以下二维码或将密文手动添加到验证器中

密文

svnjn359cdk44cz

重要提示：请抄写密文进行备份。以便在需要恢复的时候使用。请妥善保管密文，防止泄露。

扫码前一定要将二维码或二维码下面的密文保存好。如果没有备份，手机丢失了你就会被拒之门外。

（4）输入动态密码，完成绑定。

3.1.4 第四步：选择卖家

小白 怎样选择卖家？

大鸟 对于一般网站来说，推荐查看"价格最低"的卖家，而且在买之前先查看一下卖家的信息。交易数越多越安全，只选好评度 100% 的卖家，而且最好卖家要在线，不在线的不买（因为发货慢）。

3.1.5 第五步：购买

小白 怎样购买？

大鸟 整个购买流程和在淘宝上买东西类似：输入购买金额—选择支付方式—锁定订单（这一步非常重要）—完成支付—卖家发币—完成交易并评价。

购买过程中一定要注意下面几点。

付款前一定要单击"锁定订单"按钮，这一步操作相当于把你要买的数字货币锁定在了平台上，在不取消交易或者超出交易时限的情况下，卖家是不能动这些比特币的，可以大大保证交易的安全。锁定订单之后，确认卖家在线后就可以放心付款了，如果对方赖账就联系平台客服。你的转账是不经过平台的，所以一定要和卖家确认好收款账号，打错账号你的钱就白花了。如果转账时间不够，记得延长交易时间（可以延长 30 分钟），转账成功后一定要按"标记付款已完成"按钮。

购买成功后就可以在"我的账户"中查看你买到的数字货币了，如果购买的数字货币数额较大，建议大家将其提到自己的钱包里，不要长期放在交易所里。

小白 知道了。还有其他购买数字货币的方法吗，我指的是数字货币之间可以交易吗？

大鸟 当然可以，随着区块链资产种类的增加，传统的法定货币对区块链资产的交易已经不能满足全球投资者的投资需求，更多的专业投资者开始尝试币币交易。

币币交易是指用一种区块链资产定价另一种区块链资产，比如用比特币定价以太坊会产生 ETH/BTC 交易对。该交易对的价格表示你可以用多少比特币买到一个以太坊。

通过币币交易，你可以直接用一种区块链资产换取另一种区块链资产，中间不涉及法定货币的中转或结算。现在，全球比特币的交易量将近一半来自币币交易，法定货币与比特币交易的比例逐渐减小。

3.2　比特币转账流程

3.2.1　比特币转账

小白 比特币怎么转账？

大鸟 生活中我们都有自己的银行账户，转账是在银行账户之间进行的。类似的，比特币转账就是把比特币从一个比特币地址转移到另一个比特币地址。

如果你想转账比特币给别人，需要在比特币交易平台、比特币钱包或比特币客户端中，输入你的比特币地址、接收方地址、转账金额和手续费金额。

确定支付后交易信息会在比特币网络进行全网广播。矿工每隔 10 分钟会将比特币网络中未被记账的交易打包进一个区块，这就完成了一次确认，此时比特币已转到对方账户。

这个过程通常需要经过 6 次确认，确保交易记录不能被任何人窜改，转账才算真正完成。

3.2.2 区块链转账收费

小白 区块链转账怎么收费？

大鸟 我们经常在银行间进行转账，手续费一般是按照转账金额的一定比例收取。比如跨行转账手续费约为 5‰，异地转账的手续费为 1‰～1%，而跨国转账除了支付以上手续费，还需支付每笔 50～200 元的电报费。

而区块链资产之间的转账手续费与转账的金额大小无关，按字节收费。以比特币转账为例，一笔普通交易约占 250 字节，手续费为 0.001～0.0015 个比特币（20～30 元）。如果在一笔交易中你需要同时转账给多个比特币地址，那么这笔交易所占字节数会更大，所以需要多付一些手续费，才会有矿工及时打包你的交易。

即便如此，从转账成本来看，用区块链进行跨国转账还是有很大的优势。

3.2.3 比特币交易和找零机制

小白 比特币怎么交易和找零？

大鸟 比特币转账可以一次把多个地址的余额转出，也可以一次转入多个地址。

举个例子，你需要支付给牛牛 5 个比特币，但是你的 A/B/C 3 个地址里各有 1/2/2 个比特币，每个地址的余额都不足以支付 5 个比特币。

这时候你可以发起一笔转账，同时把 A/B/C 3 个地址共 5 个比特币转账给牛牛。

再举个例子，如果你的比特币地址有 5 个比特币，但是你只需要转 1 个比特币给牛牛。你需要在转账的时候告诉矿工：我有 5 个比特币，将其中 1 个转给牛牛，另外 4 个转给我自己（可以是原地址或创建新的地址）。

千万别忘了和矿工说，不然剩余的 4 个比特币就全给矿工当手续费了。这就是比特币的找零机制。

第4章 比特币钱包

只要有了银行卡和密码，谁都能从 ATM 上取钱。而比特币的地址是公开的，相当于别人都有你的银行卡，所以这个时候你的银行卡密码（密钥）就变得十分重要了！一旦泄露了你的密钥，别人就可以把你的比特币转走。

4.1 比特币钱包基础概念

4.1.1 密钥和地址

小白〉比特币钱包是什么？

大鸟〉在聊比特币钱包之前，要先说说密钥和地址是什么？

小白〉密钥和地址到底是什么呢？

大鸟〉密钥就好像你的银行卡密码，地址就好像你的银行卡。

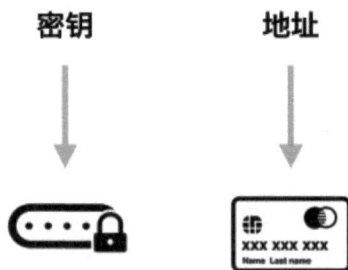

密钥　　　　　　**地址**

只要有了银行卡和密码，谁都能从 ATM 上取钱。而比特币的地址是公开的，相当于别人都有你的银行卡，所以你的银行卡密码（密钥）就变得十分重要了！一旦泄露了你的密钥，别人就可以把你的比特币转走。

小白〉我明白了，现实生活中的钱包是用来放钱的，但是数字钱包不是用来存放比特币的，而是用来存放密钥和地址的。

大鸟 是的，因为谁拥有了密钥，谁就拥有了比特币的所有权。现在市面上有很多种数字钱包：全节点钱包、轻钱包、在线钱包、HD 钱包……不管什么钱包，都必须做好下面两点：

① 用安全的形式保存好密码、助记词（这些都和你的密钥相关）。

② 如果钱包有备份功能，一定要经常做备份。

钱包的安全性是非常重要的，谁都不想看到比特币价格一路上涨，但是钱包里的比特币却不见了。

4.1.2　数字钱包类型

小白 比特币钱包（数字钱包）都有哪些类型?

大鸟 安全地使用钱包，安全地保管好密钥是投资比特币的必备知识。下面就让我们了解一下比特币钱包（数字钱包）分为哪些类型，我们应如何选择。

第一种类型是冷、热钱包。

冷、热钱包的区别主要在于你的密钥是否在联网状态下暴露过。

1）热钱包（在线钱包）

大家常用的一直处于联网状态下的钱包都是热钱包，如电脑客户端钱包、手机 App 钱包、网页钱包等。优点是使用方便，新手易操作，交易转账的效率比较高。缺点是安全性不如冷钱包好。

2）冷钱包（离线钱包）

在不联网的环境下使用过的钱包是冷钱包，比如专业的硬件钱包，将密钥（或助记词）写在纸上，也有人利用不联网的设备制作冷钱包。优点是非常安全。缺点是创建钱包不方便，交易也很麻烦。

对于新手来说，购买少量的比特币时，使用热钱包是没有太大问题的。如果比特币数量较大（涉及几百万元人民币以上的比特币）则建议使用冷钱包，因为它比热钱包安全很多。

第二种类型是全节点钱包、轻钱包、中心化钱包（链下钱包）。

1）全节点钱包

除了保存密钥，全节点钱包还保存了所有区块的数据，这样就可以在本地直接验证交易数据的有效性。最著名的全节点钱包就是 Bitcoin Core。优点是有更好的隐私性，可以更快地验证交易信息。缺点是占用很多硬盘空间，每次使用前需要同步数据，新手的使用体验不够好，不支持多种数字资产。这个钱包需要占用较大的硬盘空间，并且还在持续增长，每次使用前都需要先同步数据（下载所有区块的数据），使用不方便。

2）轻钱包

不保存所有区块的数据，只保存和自己相关的数据，所以体积很小。轻钱包可以运行在电脑、手机、网页等地方。优点是用户体验很好，尤其是对于新手来说；很多轻钱包都支持多种数字资产；体积小，不占太多空间。缺点是交易验证会稍微慢一点，而且密钥一旦丢失就无法找回（全节点钱包也有这个缺点）。

3）中心化钱包（链下钱包）

完全依赖运行这个钱包的公司和服务器，你存在交易所里的比特币就是保存在中心化钱包（链下钱包）里的。优点是密钥忘记了可以找回，平台的密钥安全做得不错。缺点是你的密钥控制在平台手中，平台"做坏事"你是无法阻止的，一旦平台关闭你的币就没有了。除了交易所，不建议大家使用中心化钱包，虽然密钥丢了它有可能帮你找回，但是永远都存在公司跑路的风险。

小白 哪种类型的钱包适合我？

大鸟 对于新手来说，轻钱包是最合适不过的了，但是一定要注意安全问题。如果你是土豪，买了几十个甚至上百个比特币，建议选择冷钱包，毕竟这样做是最安全的。

4.2　如何将比特币存进钱包

小白 我已经知道了如何购买比特币，现在也有了比特币，但是总感觉比特币放在自己的钱包心里才踏实。

大鸟 这一节就手把手教大家如何使用钱包，如何把比特币提取到自己的钱包里。

4.2.1　第一步：下载比特币钱包

小白 我们一步一步地进行操作，第一步是下载比特币钱包。

大鸟 大家可以上网去下载相关比特币钱包，在手机上下载也可以，这里就不具体推荐了。

4.2.2　第二步：创建钱包，设置密码

小白 第二步是创建钱包，设置密码。

大鸟 这一步是最关键的，请仔细记住。具体步骤如下。

（1）打开比特币钱包的 App 后，一般可以看到"开始使用"的界面。

（2）你会看到 12 个助记词（在比特币钱包里叫"密语"），用手将它们抄在纸上，不要存在电脑里。（可以在右上角切换中英文状态）

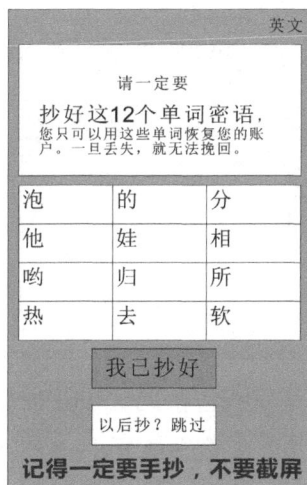

小白 如何保存助记词？

大鸟 可以用这种办法：将一大段英文粘贴进去（大于 12 段），将每一段的首个单词换成助记词。（如果是中文汉字就换成 12 段汉语）这种方法相当于藏头诗，记性不好的人也不用担心记不住，也能加强安全性。

再次输入这 12 个助记词，确认有没有抄错。

〈忘记抄了？返回		
您已经抄写好密语了吗?		
请输入一遍!		
泡	的	分
他	娃	相
哟	归	所
热	去	软

（3）设置钱包密码。这个密码主要用来开启钱包和转账确认功能，跟密钥无关，所以不用担心密码强度的问题。

请设置您的密码		
1	2	3
4	5	6
7	8	9
	0	删除

（4）进入钱包主界面。完成钱包密码的设置后就可以进入比特币钱包的主界面了。此时你已经成功创建好了数字钱包。

再次强调，助记词（密语）一定要保管好！

[小白] 我平时使用的密码那么多,银行卡密码、股票账户的密码也都和钱有关,也没见这么小题大做的。比特币数字钱包的密码为什么要用"变态级"的方式来保存?

[大鸟] 之所以使用"变态级"的保存方式,主要是因为比特币的特殊性。

1)比特币只认密钥不认人

如果你忘了银行卡密码还能去银行找回或更换,但忘了比特币密码谁都无法帮你找回。

2)比特币的交易是不可逆的

用信用卡买错东西了还能退回,比特币一旦转出去就退不回来了。

3)比特币里没有人的概念

比特币里只有地址的概念,没有人的概念,所以一旦它被转走,你都不知道谁做的,警察也帮不了你。

4.2.3 第三步:收币

[小白] 知道了,我一定牢记密码。第三步是收币。

[大鸟] 收币就是将网络上购买的比特币提取到自己的钱包里。步骤如下。

(1)进入数字货币平台的后台,单击"提币"按钮。

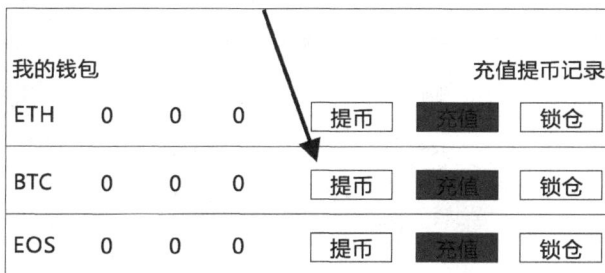

(2)进入提币界面,单击"新建地址"按钮。

先在比特币钱包的左上角选择好币种(这里选择的是比特币),然后单击"收币"按钮,就可以获得收币地址了。

再在提币界面输入标签和地址（标签没有实际作用，主要用来分辨不同的钱包）。

（3）单击"提币"按钮进入下面的界面。

输入提币数量，这里强烈建议首次提币时先小额尝试，再大额提币，避免将地址填错，并且通过 Google 身份验证。

（4）打开注册账号的邮箱，必须在邮件里确认后才会发送交易请求。

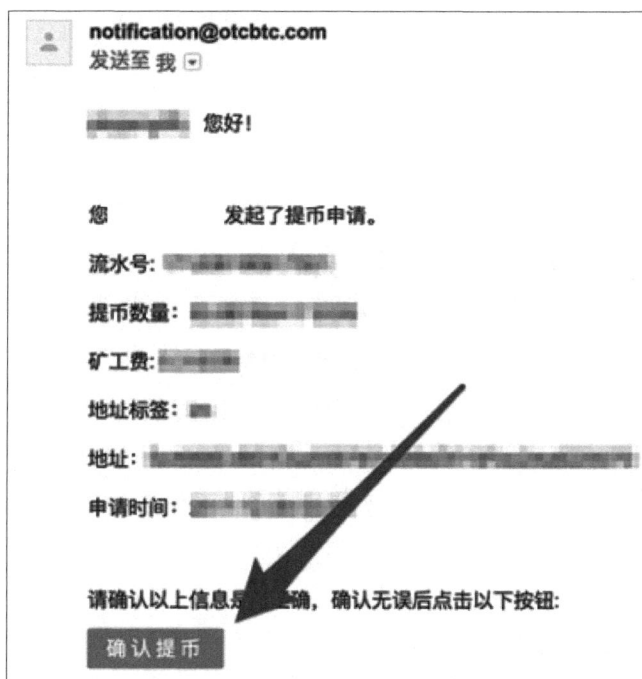

notification@otcbtc.com
发送至 我 ▾

████ 您好！

您　　　　发起了提币申请。

流水号：████

提币数量：████

矿工费：████

地址标签：██

地址：████

申请时间：████

请确认以上信息是否正确，确认无误后点击以下按钮：

确认提币

（5）耐心等待。这个过程通常要花几个小时，别指望像支付宝或微信交易一样神速，因为比特币交易量越来越大，所以交易确认的速度会比较慢，等几个小时是很正常的，不用担心。此外需要注意：比特币交易是需要矿工费的，提币也一样。

第5章　数字货币挖矿投资

挖矿实际上是性能的竞争、装备的竞争，是矿工之间比拼算力，拥有较多算力的矿工挖到比特币的概率更大。随着全网算力上涨，用传统的设备（CPU、GPU）挖到比特币的难度越来越大，于是人们开发出了专门用来挖矿的芯片。

5.1　挖矿基础知识

5.1.1　挖矿

小白▷矿工是怎么挖矿的？

大鸟▶要想挖矿首先得有一台矿机。

小白▷什么是矿机？

大鸟▶矿机就是用来赚取比特币等数字货币的电脑，这类电脑一般有专业的挖矿芯片，多采用烧显卡的方式工作，耗电量较大。

用户先用个人计算机下载软件，然后运行特定算法，与远方服务器通信后可得到相应比特币，是获取比特币的方式之一。

比特币矿机就是通过运行大量计算争夺记账权，从而获得新生比特币奖励的专业设备。

小白▷挖矿机的组成是什么？

大鸟▶一般由挖矿芯片、散热片和风扇组成，只执行单一的计算程序，耗电量较大。

挖矿实际是性能的竞争、装备的竞争，是矿工之间比拼算力，拥有较多算力的矿工挖到比特币的概率更大。随着全网算力上涨，用传统的设备（CPU、GPU）挖到比特币的难度越来越大，于是人们开发出了专门用来挖矿的芯片。芯片是矿机最核心的零件。芯片运转的过程会产生大量的热，为了散热降温，比特币矿机一般配有散热片和风扇。

小白▶有了矿机如何挖矿呢？

大鸟▶我们在电脑上下载比特币挖矿软件，用该软件分配好每台矿机要做的任务，就可以开始挖矿了。由于每种数字货币的算法不同，所以需要的矿机也各不相同。

5.1.2　比特币"矿场"

小白▶比特币"矿场"是什么？

大鸟▶简单来说，比特币"矿场"就是集中管理矿机的场所。早期的矿场运营比较粗犷，就是先搭一个架子，然后把矿机放上去就可以开始运营了。后来发现在这种运行方式下矿机损坏率高，维修成本太高。于是有了通风、隔尘等方案，随后又对室内温度和湿度进行严格控制。现在整个"矿场"的运营方案还在不断升级和进化。

小白▶比特币"矿场"的选择条件是什么？

大鸟▶"矿场"一般选址在电费比较便宜，并且供电比较稳定的地方。因为矿机运行起来噪声比较大，一台矿机运转时，在一米处测试噪声达 73dB(a)左右，几千台矿机运转起来的时候对周围的影响可想而知，所以有些地方经过设计和装修改造，出现了静音矿场。

小白 投资比特币"矿场"有什么风险?

大鸟 比特币系统本身的运作也会极大地影响挖矿的利润,主要有以下两个风险。

1)币价下跌导致的风险

挖矿项目的获利评判最好还是以人民币计算,使用比特币来计算会复杂很多。比特币价格本身的波动性很大,因此挖矿能否获利受币价波动的直接影响。可以使用一张资产负债表来衡量你的矿场总资产,如果币价下跌你就会知道总资产缩水,承担不了账面资产缩水就要面临清亏出场的局面。

2)比特币算力上涨带来的风险

比特币全网的挖矿产出是固定的,每天 1800BTC。越多的算力在挖,平均算力挖到的就越少。很明显,如果算力上涨,你买到的矿机就要贬值,若算力大幅度上涨,你的矿机甚至会面临产出抵不了运营费用的局面,就会直接导致关机停产。比特币挖矿目前依旧属于暴利行业,但是随着加入的人越来越多,矿场把持了大量算力。散户赚钱越来越难,不过还是能赚钱的,据说矿机回本时间在 100 天左右。

5.2 如何进行挖矿投资

5.2.1 比特币为什么还没挖完

小白 我们知道比特币通过挖矿产生,而且近年来全网算力上升,比特币为什么还没挖完呢?

大鸟 比特币系统依靠调节难度系数保证比特币不被太快挖完。

每 10 分钟，全网矿工共同计算一道难题，竞争记账权及比特币奖励。如果全网算力不断增长，比特币将很快被挖完。

为了保证比特币稳定在约 10 分钟挖出一个区块，中本聪设计矿工挖矿获得比特币的难度每过 2016 个区块（约两周时间）动态调整一次，调整后的难度使得每生成一个区块的预期时间为 10 分钟。

现在的难度系数约为 480PH/s，大约是创世区块的 680 亿倍，也就是说，以现在的算力，全网矿工需要经过约 3000 万亿亿次哈希运算才能找到一个符合条件的答案，生成新的区块。

5.2.2　比特币如何实现总量恒定

小白 比特币如何实现总量恒定？

大鸟 比特币是一种通缩型虚拟货币，总量是 2100 万枚。

小白 2100 万枚是怎么来的吗？

大鸟 中本聪在设计比特币的时候，规定每个比特币可以细分到小数点后 8 位，每个区块发行 50 个比特币，每产生 21 万个区块后，每个区块的比特币产量减半。

因为比特币每 10 分钟产生一个区块，产生 21 万个区块大约用四年的时间，截至 2017 年，比特币产量已经减半两次，当前每个区块发行 12.5 个比特币。大约在 2045 年，99.95%的比特币将发行完毕，到 2140 年，比特币将无法继续细分，至此比特币完全发行完毕，发行总量约为 2100 万枚（注：实际是 20999999.97690000 枚）。

尽管比特币通缩的货币政策是否合理在货币学上争议很大，但这一发行机制激励着矿工尽早投入比特币挖矿中，使得比特币系统获得了大量算力和安全性。

5.2.3 矿池挖矿

小白 比特币矿池是什么？它是如何运作的呢？

大鸟 比特币是一种通缩型虚拟货币，总量是 2100 万枚，矿池是比特币（数字货币）等 P2P 密码学虚拟货币开采所必需的基础设施，一般是对外开放的团队开采服务器，其存在是为了提升比特币开采稳定性，使矿工薪酬趋于稳定。目前，全球算力较大的矿池有鱼池（F2Pool）、蚁池（AntPool）、币网（BW Pool）、国池（BTCC Pool）、BitFury。除了 BitFury，其余都来自中国。

随着参与挖矿的人越来越多，比特币全网的算力不断上涨，单个设备或少量的算力都很难挖到比特币，这时候矿池就诞生了。

小白 比特币矿池的运作原理是什么？

大鸟 矿池突破地理位置的限制，将分散在全球的矿工及矿场的算力进行联结，一起挖矿。矿池负责信息打包，接入进来的矿场负责竞争记账权。由于集合了很多矿工的算力，所以矿池的算力占比大，挖到比特币的概率更高。

假设 100 万人参与比特币挖矿，全网 400P 算力，其中 90% 的矿工为 1P(1000T) 以下的算力，如果投入一台 1T 矿机，将占全网算力的四十万分之一，理论上平均每四十万个 10 分钟能挖到一个区块，也就是 7.6 年才能挖到一个区块并一次性拿到 50 个比特币。

那么，假如我再找 9 个拥有 1T 算力矿机的矿工达成协定，其中任何一个人挖到区块都按照每人的算力占比来进行平分，那么我们就是一个整体，总共 10T 算力，平均每人 0.76 年即可挖到一个区块开采到 5 个比特币，如果组织 100 人、1000 人、1 万人甚至 10 万人呢?

如果组织 10 万人，那么平均 100 分钟就能挖到 1 个区块，团队成员的收入将趋于稳定。这就是矿池的基本原理，即大家组队进行比特币开采，类似于彩票中的合买。

当然，以上只是对矿池的基本原理和性质进行简单描述，实际情况会非常复杂。

矿池是一个全自动开采平台，即矿机接入矿池—提供算力—获得收益。矿池挖矿所产生的比特币奖励会按照每个矿工贡献算力的占比进行分配。相较单独挖矿，加入矿池可以获得更加稳定的收益。

第6章　数字货币期货投资

数字货币期货交易市场是国际性市场，不论有多少投资者在这个市场中交易，他们皆无法控制这个市场。因为数字货币期货交易不是企业行为，数字货币期货市场是一个比较成熟、透明的有效市场，还没有哪一个财团或国家具有操纵它的能力。

6.1　数字货币期货投资概念

6.1.1　中国股市与数字货币期货的区别

小白　数字货币期货和股票有什么区别？

大鸟　数字货币期货和股票有如下区别。

1）交易时间

股票：每天的交易时间只有 4 个小时。

数字货币期货：全天 24 小时都可以进行交易，交易时间是和国际市场接轨的，投资者可依照个人时间来安排，随时进出市场。

2）产品选择

股票：市场中有千余种股票，投资者每天要在数千种股票中选择正确的股票投资。

数字货币期货：货币组合非常有限，可以集中精力于这几种货币组合，并且很快抓住热点。

3）双向交易

股票只可以做多，不可以做空，换句话说，股票只有涨的时候可以赚钱，跌的时候不能赚钱。数字货币期货是双向交易，涨跌都可以赚钱。

4）资金的灵活性

股票：想要在股票市场一天赚 3000～5000 元人民币，至少要投资 30000～50000 元人民币。

数字货币期货操作都是结合国际上最先进的杠杆交易，让自己的资金最大化，增加资金利用率，有以小博大的机会。

5）利润空间

股票：目前中国股市设有涨停限制，即同一天内股价最高只能涨 10%，最低只能跌 10%。

数字货币期货：没有涨停限制，利润空间很大，很适合做短线投资，但若方向弄错，损失也较大。

6）市场的操纵性

股票是公司和企业的行为，只有公司经营得好，投资者才可以通过股票分红和二级市场的差价获利；一旦公司经营不好，其股票价值就会一落千丈，甚至退市；或者由于大庄家操作等原因导致投资者大幅亏损。目前，中国股市正处于改革期，未来的不确定性又使股票投资风险性陡增。

数字货币期货是在国际性的市场进行交易，不论有多少投资者在这个市场中交易，他们皆无法控制这个市场。因为数字货币期货交易不是企业行为，数字货币期货市场是一个比较成熟、透明的有效市场，还没有哪个财团或国家具有操纵它的能力。它有相对的价格体系，这是数字货币期货的独立性，经营风险和价格操纵的风险很小。数字货币期货投资几乎不存在暗箱操作的情况，各种与数字货币期货相关的信息，例如美国经济数据、美元指数价格波动、各国央行的态度、突发性事件等都是公开透明的，投资者可以根据公开信息做出判断。

小白 在炒数字货币期货时，常提到的内盘和外盘是什么意思呢？

大鸟 一般而言，内盘指的是中国内地的数字货币期货交易平台；外盘通常指的是境外的平台，包括中国香港在内。

内盘以人民币计算，资金由银行第三方托管，本金不会有风险，手续费相对外盘较高，一切都受国内法律监管。外盘数字货币期货交易用美元标价，受制于国外法律监管，属于杠杆交易，获利机会更大，利润更高，相应的风险也较大。国内投资者参与境外代理商的数字货币期货交易不受中国法律保护，如果产生纠纷，维权比较难。

6.1.2 选择交易商 ECN 与 MM 的区别

小白▶要做好数字货币期货交易，选择交易商是第一步，所以有必要了解关于交易平台分类的知识。那数字货币期货交易平台分为几类呢？

大鸟▶外盘平台交易商一般有以下分类。

（1）ECN（Electronic Communications Network）模式，电子通信网络模式。

（2）MM（Market Maker）模式，单一做市商。

小白▶两者有何区别？

大鸟▶ECN 是一个电子交易网络，是一个使用集中—分散市场结构的外汇交易科技。此模式通过与银行、机构、外汇市场及科技供应者紧密合作来完成交易。交易者的单子都直接且匿名地挂在这个网络上，每个单子都是同等的地位，按照价格和时间的最优化公平撮合成交。所以 ECN 上的价格是真实的市场价格，点差不固定。ECN 的运营者不参与交易，向交易者收取适当比例的交易手续费，所以他们会尽可能提供给客户更好的服务。随着互联网技术的发展，服务于个人投资者、小型银行、投资机构、对冲基金的 ECN 交易商开始出现。ECN 的商业运行模式被美国的证券行业普遍认为是一种典型的全自动化的电子证券交易所。

MM 做市商模式（有交易员平台）是指个人投资者面对单一的对家进行询价和交易，报价的公正性依赖于交易商的诚信。交易商本身就是做市商，他们一般先过滤一遍银行或 ECN 的价格，然后加上自己的利润再报价给客户，因此客户实际上是在与做市商做交易（在 ECN 上是与匿名的真实交易者进行交易）。客户看到及交易的并不是市场的真实价格，并且交易的执行价格由外汇做市商决定，所以成交价格常常有利于做市商也就不足为奇了。客户的单子进入做市商的系统后，首先进行多头头寸和空头头寸之间的内部对冲，然后将余下的净头寸拿到他们所依附的银行或 ECN 上对冲，也可以部分对冲或干脆不对冲，这种不对冲的单子就属于对赌的范畴。

小白 什么叫对赌?

大鸟 对赌就是做市商们不把所有的净头寸拿到 ECN 或银行去对冲。比如,某家交易商收到客户1000手买入莱特币美元的指令和800手卖出莱特币美元的指令,那么内部对冲后余下 200 手莱特币美元的净多头头寸,但是该公司愿意承担这部分头寸的市场波动风险,并且没有把这 200 手莱特币美元净多头头寸放到银行或 ECN 上做交易,这就叫作和客户"对赌"。在美国相关法律法规中并没有硬性规定如何对冲风险,这完全取决于交易商自己的风险控制策略。如果客户的单子能及时完全对冲掉,那么做市商几乎不用承担额外的市场风险,获得的收益比较稳定。但是现实中做市商一般或多或少地会进行对赌,这加大了其本身的风险。这种对冲/对赌模式的存在,意味着在某些特定时段(比如,美联储重大数据公布的时候,或者市场价格剧烈波动的时候),交易者可能经常无法连接到交易商的交易系统上进行有效、迅速的交易,因为此时交易商很难在有限成本区间内及时地把市场风险转嫁出去,所以干脆限制客户下单,或者采用其他方式,随后却把问题归咎于网络故障或其他原因。这种特定时段经常出现单子无法成交的现象也是普遍存在的。

小白 这简直是坑人!

大鸟 另外,大多 MM 模式的交易商还会把客户进行分类,通常分为两类,盈利能力强的客户被单独划分出来,进入慢速模式,此类客户面临着滑点、订单难以成交(反复询价)等多重障碍,但是交易商总是会很谨慎地操作以不让客户有所察觉。而盈利能力差的客户被归入自动执行模式,因为从平均数上看,这些客户最终是亏损的,所以这些客户的单子不用理会,让他们自己开开平平的折腾,最终净值就会变成零,而钱自然就全进了做市商的口袋。做市商和这些盈利能力差的客户对赌交易,当然胜算很大。至于透明性,只能取决于这些做市商公司的内部政策。做市商的优势是开户门槛低、杠杆大,所以客观地讲,做市商的存在是历史的必然,正是由于做市商,才使得外汇零售交易市场迅速发展,使更多的中小投资者得以参与外汇交易。

小白 这样看来,还是 ECN 平台更好。

大鸟 是啊,ECN 平台更加公开透明,而且平台本身对交易不做任何限制,平台仅仅提供媒介赚取手续费。

小白⟩如何辨别一个汇商是 ECN 平台还是做市商平台?

大鸟⟩NFA（美国全国期货协会）早在 2008 年 1 月 25 日便提出了要求美国所有做市商模式的交易商向其客户披露其交易对赌的性质。但是多数交易商并没有按照要求将其对赌的性质直接翻译成中文。国内的外汇经纪人也常常对此避而不谈或含糊其词，甚至有的经纪人都不懂对赌是怎么回事。所以投资者自行掌握一些判断汇商类型的方法就显得尤为重要。

小白⟩怎么判断呢?

大鸟⟩简单有效的判定方法有一个，即超短线交易是否被允许。如果交易商明令禁止超短线交易方式，或者对超短线交易方式做出了限制，那么就可以确定该交易是做市商。无交易员平台是不会对交易有任何限制的。此外还有一些具体的细节，如止损点。ECN 平台允许使用任何点位做止损，比如 144.0 点做空，我现在想拿 144.5 点做止损是完全可以的。而 MM 平台就会有限制，诸如至少要大于等于 145.0 点才能设止损等。还有在非农期间，MM 平台往往限制下单，而 ECN 平台无此限制。

小白⟩外盘平台选好后，我们该选什么产品呢?

大鸟⟩我们有很多种产品可以选择。本书以比特币现金美元、比特币美元、达世币美元、以太币美元、莱特币美元这 5 种货币对为例进行说明。

小白⟩比特币现金美元是指什么呢?

大鸟 比特币现金美元就是指 1 比特币现金和美元的汇率比。同理，比特币美元就是 1 比特币和美元的汇率比。

6.2　数字货币期货投资模拟盘

6.2.1　MT4 软件下载安装

小白 正规的数字货币期货交易平台是不是都有模拟盘？

大鸟 是的，读者可以使用 MT4 软件，它是 MetaQuotes 软件公司生产的一款以外汇为主的软件。此软件的特点是运行速度比较快，数据可以下载，图表和数据较长，被很多的外汇公司和交易者青睐。目前，超过 100 家外汇经纪公司和 30 个国家的银行已经选择 MT4 软件作为网络交易平台。

小白 投资者在哪里下载 MT4 软件？

大鸟 投资者可以在网上自行下载 MT4 软件。一般的下载界面如下：

MT4下载中心

桌面安装软件 下载

MetaTrader 4

MT4平台凭借其简易的交易方式，功能丰富的交易环境以及出色的自动化交易而成为目前世界上最流行的交易平台。

下载 MetaTrader 4

Download MetaTrader 4

使用手机也可以下载 MT4 软件的安卓版或苹果版：

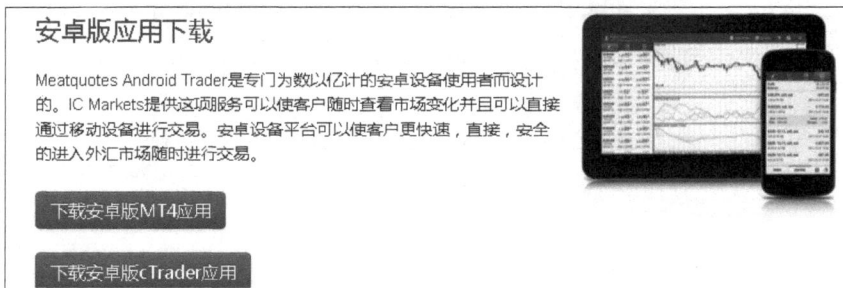

安卓版应用下载

Meatquotes Android Trader是专门为数以亿计的安卓设备使用者而设计的。IC Markets提供这项服务可以使客户随时查看市场变化并且可以直接通过移动设备进行交易。安卓设备平台可以使客户更快速，直接，安全的进入外汇市场随时进行交易。

下载安卓版MT4应用

下载安卓版cTrader应用

6.2.2 开设新的模拟账户

小白 下载安装 MT4 软件后，如何开设模拟账户？

大鸟 选择"文件—开新模拟账户"选项就可以了。

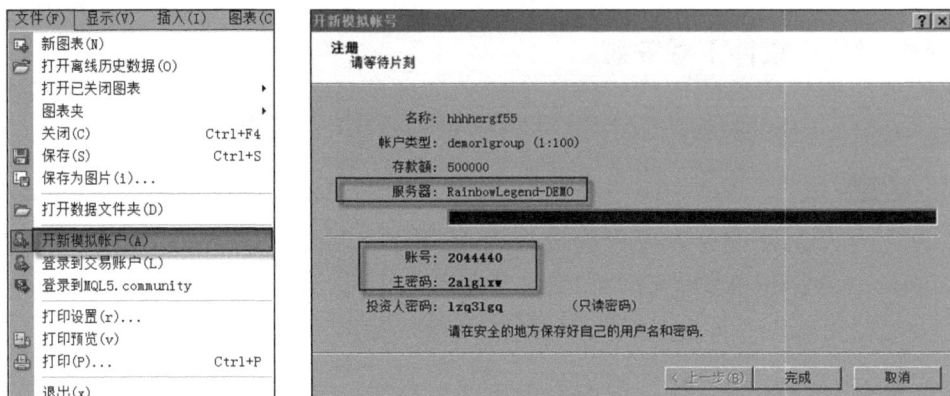

6.2.3 下单

小白 账户开好并且登录后，就可以尝试下单了。

大鸟 我们可以选择做多或做空，默认选择是 1 手。

6.2.4 "手"的概念

小白 > 数字货币期货 1 手要多少钱呢?

大鸟 > 以比特币为例,买 1 手要交:

保证金=现价×数量/杠杆=7305×1/5=1461(美元)(假设现价是 7305 美元)。

大概是 1000 多美元的保证金。但是你账户里面的钱肯定要远大于 1000 美元,至少得有 10000 多美元才比较保险。(我一般将 10%的钱用来做投资)这样账户相对来说比较安全。

小白 > 为什么呢?

大鸟 > 很简单,如果你账户里只有 1200 美元,下了 1 手空比特币美元,但不幸的是你判断错了方向,比特币美元向上涨了 1000 点,你就亏损了 1×1000 =1000(美元),这时就有可能(不同平台规则不同)强制平仓,也就是我们常说的爆仓。但是很有可能你刚刚强制平仓后,价格又掉下来了。这不是很可惜吗?

小白 > 那遇到这种情况怎么办? 假如我钱不多,就 1200 美元呢?

大鸟 > 轻仓。如果你的资金少,完全可以只下 0.1 手,这样你的账户就安全多了,即便价格向上涨了 1000 点,也就亏损 1000×0.1=100(美元),完全能扛住,不会爆仓。下图表明购买 1 手比特币美元多单所需预付款 1000 多美元(具体值要看平台、杠杆、开户货币单位)。

订单 △	时间	类型	手数	交易品种	价格	止损	获利	价格
73231570	2018.04.02 11:05:40	buy	1.00	btcusd	7119.50	0.00	0.00	7224.90
余额: 2 209.47 AUD 净值: 2 341.51 已用预付款: 1 852.82 可用预付款: 488.69 预付款比例: 126.38%

大家注意,购买 0.1 手只需要预付款 100 多美元。

订单 △	时间	类型	手数	交易品种	价格	止损	获利	价格
73337154	2018.04.03 07:30:16	buy	0.10	btcusd	7297.30	0.00	0.00	7250.80
余额: 2 359.17 AUD 净值: 2 353.12 已用预付款: 189.78 可用预付款: 2 163.34 预付款比例: 1239.94%

6.2.5 "点"的概念

小白 > 数字货币汇率中的"点(基本点)"指的是什么?

大鸟 > 按市场惯例,MT4 数字货币汇率的标价通常由整数+小数点后两位有效数字组成,一个整数位代表一点。

6.2.6 如何计算获利/亏损

小白〉怎么计算我获利/亏损多少呢?

大鸟〉先看下图。

订单	时间	类型	手数	交易品种	价格	止损	获利	价格	手续费	库存费	获利
73231570	2018.04.02 11:05:40	buy	1.00	btcusd	7119.50	0.00	0.00	7224.90	0.00	-5.01	137.05
余额: 2 209.47 AUD	净值: 2 341.51		已用预付款: 1 852.82		可用预付款: 488.69		预付款比例: 126.38%				132.04

注意:我 2018 年 4 月 2 日 11:05 做了一手比特币美元多单,当时做单的价格是 7119.50 点;而现在的价格是 7224.90 点。我的盈利是 105.4 点,也就是 105.4 美元。

小白〉不对啊,我看图里面的获利明明是 137.05 点。

大鸟〉是这样的,我的账户是澳元账户,105.4 美元=137.05 澳元。理解了吧,这还要看你的账户是用什么货币来结算的。

6.2.7 平仓

小白〉如何平仓?

大鸟〉先在控制台里的订单上单击右键,然后选择"平仓"命令即可。平仓就是结束这笔交易,落袋为安。

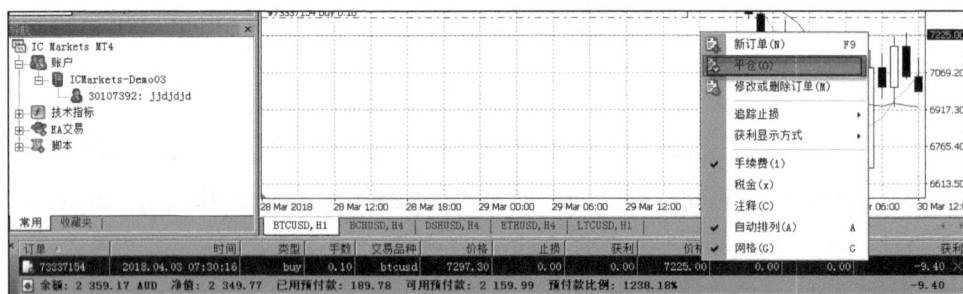

6.2.8 止损价和获利价

小白〉我注意到这里面还有止损价和获利价。

大鸟〉止损和获利都是起保护作用的。止损就是在操作过程中判断错误,而你本人当时又不在时,系统会自动终止操作,帮你出局,以减少损失。获利就是达到了你心目中预期的目标时自动出局,保住利润,落袋为安。

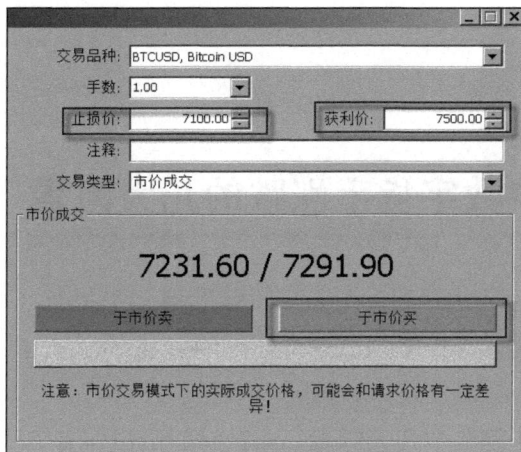

如上图所示，现在的价格是 7291.90，如果你做多 1 手，但是不幸的是价格不但没涨还下跌到 7100，此时系统会帮助你自动平仓，避免更大的损失。如果价格正好如你所愿上涨了，上涨到 7500 时正好是你的获利价，这时候系统还是会帮你自动平仓，保住收益。

第 7 章　影响数字货币涨跌的几大因素

外 界的影响对数字货币存在一个多空传导机制，包括以下几个方面：美元走势影响；区域货币走势（如欧元、人民币等）；地区政治/经济/战争/国际大事影响；等等。搞清楚影响数字货币涨跌的几大因素，对数字货币投资有非常大的裨益。

〔小白〕大鸟，我想知道影响数字货币涨跌的最重要的因素到底是什么？

〔大鸟〕外界对数字货币涨跌的影响存在一个多空传导机制。以比特币为例，包括以下几个方面：

（1）美元走势影响。

（2）区域货币走势（如欧元、人民币等）。

（3）地区政治/经济/战争/国际大事影响。

7.1　美元

7.1.1　美元走势对比特币的影响

〔小白〕好。我们一条一条看，首先是美元走势与比特币的关系。这两者之间存在什么关系呢？

大鸟→众所周知，在国际上，比特币基础定价单位是美元，而且美元是最大的避险货币。因此，美元的强弱变化直接引起比特币价格的波动。通过美元的传导，建立与数字货币的理论传导关系。

小白→传导关系？

大鸟→是。从理论上来讲，比特币与美元负相关，美元的上涨对应比特币的下跌，美元的下跌对应比特币的上扬。

那么就得到了一个结论，比特币的走势和美元指数在多数时候呈现负关联，美元走势是比特币走势的一个重要参考面。

小白→我看你用的表达方式是"多数时候"，为什么不是"所有时候"？

大鸟→美元的走势也受很多因素影响。而且比特币和美元指数的振幅和上涨下跌幅度并不相同，甚至有的时候两种走势会趋同。所以我们只能说比特币走势和美元指数在多数时候呈现负关联，而不能绝对化。

7.1.2　影响美元走势的因素

小白→那么影响美元走势的因素主要有什么？

大鸟→有很多方面，其中最重要的就是美国本身经济影响，以及美联储的操作策略等，这些都会影响美元走势，并且传导到比特币市场。

小白→美国本身经济影响指什么？

大鸟→美元的强弱与美国自身经济发展密不可分。

如果美国的经济通过经济指标反映出来的是生机勃勃，那么美元将因受到追捧而走强，这样理论上会利空比特币等数字货币；相反，如果美国的经济通过经济指标反映出来的是死气沉沉，美元自然会受到打压，这样理论上会利多比特币等数字货币。

7.2 区域货币

7.2.1 区域货币对比特币的影响

小白 说完了美元，我们来说说区域货币，它对比特币的影响又是指什么呢？

大鸟 我们以人民币为例进行说明。研究人员一直在寻找衡量资本流动和人民币币值压力的新方法。最可靠的指标是外汇结算数据和中国人民银行的资产负债表，但是由于它们按月发布，因此时效性不强。国际收支平衡表更是如此，仅按季度发布。最近有种新观点引人注意，即价格每日变动的比特币或许可以作为衡量指标。

2015—2017 年，在人民币走弱的同时，比特币（及其他数字加密代币）快速崛起，这引发了人们对两者关系的猜测。

2015—2016 年，绝大多数的比特币是通过位于中国的交易所与人民币进行兑换的。通过对比这一时期比特币和人民币的美元价格可以发现，从 2015 年年底到 2016 年年中，比特币的美元价格迅速上涨，而人民币兑美元汇率的走势却与此截然相反。

通过观察人民币与比特币日交易量和美元兑人民币汇率的数据可以发现，从 2015 年年末至 2017 年 2 月，在人民币开始走弱时，人民币与比特币的日交易量达到峰值。从 2015 年 1 月到 2017 年 1 月，比特币的美元价格之所以上涨了大约 250%，中国资本外流是其中一部分原因。

2017 年 1 月，中国人民银行约谈了三家中国较大的比特币交易所，要求其严格遵守相关风险控制规定，清理不合规操作。随后，央行加强了对交易所的审查，加密代币相关法规也将实施。2017 年 2 月初，中国两家最大的比特币交易所停止比特币提现业务。

此后，比特币价格下跌，但更大且更持久的影响发生在中国，通过人民币进行的比特币交易量在全球占比大幅下降。2017 年 1 月，96%的比特币通过人民币进行交易，这一比例在 2 月下降到 25%，3 月则下降到 14%。中国央行的行动所造成的空缺被其他货币（主要是美元）的交易填补，比特币的价格也迅速恢复。

2017 年，当比特币势如破竹，一举突破 2000 美元大关且还在不断创新高之际，A 股却持续大跌，在全球股市普涨的情况下走出独立行情。这两者之间会有什么联系吗？

DoubleLine 基金创始人——拥有"新一代债券之王"之称的 Jeffrey Gundlach 大开脑洞，在推特上做了一个大胆的猜测。Gundlach 认为，比特币在不到两个月的时间里暴涨 100%，与此同时上证指数下跌了近 10%，"这或许不是一个巧合"。

把比特币和 A 股放在一起，一边是源源不断流入的资金，一边是去杠杆风暴之下疯狂出逃的资本，两者的一涨一跌真的是巧合吗？

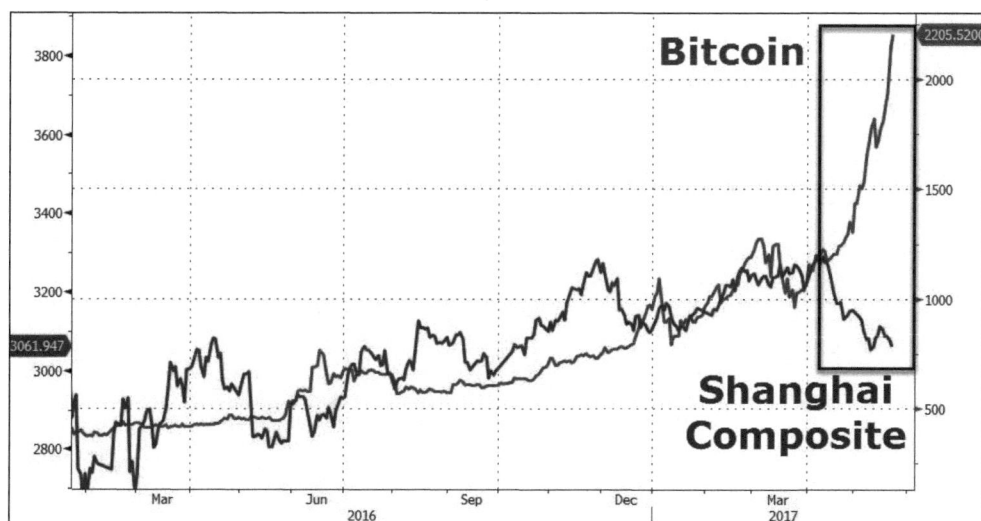

不知道是不是又一个巧合，在比特币走高之际，人民币兑一篮子货币汇率则急剧走弱。根据官方人民币 CFETS 指数的媒体数据显示，人民币已对 24 种货币连续下跌 8 天，创 2018 年新增篮子货币种类以来最长连跌纪录。与此对应的则是比特币的疯涨。

7.2.2 影响区域货币走势的因素

小白 >影响区域货币走势的因素主要有什么？以欧元为例，影响欧元的因素是什么呢？

大鸟 >影响因素有很多方面，其中最重要的就是区域本身经济影响，比如亚洲经济的情况；中国/日本/澳洲的经济情况；各国央行的操作策略等。

7.3 局势变化与国际大事

小白 >局势变化与国际大事对比特币的影响是怎样的呢？

大鸟 >包括很多方面，比如战争对比特币的影响；区域经济危机对比特币的影响；国际大事记对比特币的影响（如地区选举/公投），甚至黑客入侵导致的热钱流动都会影响比特币。

第8章 如何才能做好数字货币交易：消息面与技术面

消息面和技术面对于任何投资来说，都是非常重要的，不能说哪个作用更大。技术面的分析并不能做到百分之百准确，一些特有的数据公布的时候，技术面是预测不到的，此时必须看好消息面的预测值。

小白 大鸟，上一章我们讲了影响数字货币涨跌的几大因素，那么我们该如何做好数字货币交易？

大鸟 如果想做好比特币交易，两方面不可偏废：消息面与技术面。

8.1 消息面

8.1.1 从"看新闻联播是个好习惯"说起

小白 消息面主要是指关注哪些消息呢？

大鸟 在回答这个问题之前，我先和你说一个"新闻联播"的故事。

案例：看新闻联播是一个好习惯

某股民坚持看新闻联播，在2014年赚了很多钱！

1）军工概念

2014年1月，习近平出任国安委主席，负责完善国家安全体制和战略，确保国家安全。随后A股市场刮起了一场军工概念风暴。

2014年1月至2015年7月，军工概念板块指数大涨86%，重点股票如下。

成飞集成（002190）：327%。

北方导航（600435）：164%。

中国嘉陵（600877）：156%。

航天科技（000901）：152%。

成发科技（600391）：126%。

2）信息安全概念

2014年2月，中央网络安全和信息化领导小组宣告成立，习近平亲自担任组长，强调网络安全和信息化是事关国家安全和国家发展、事关广大人民群众工作生活的重大战略问题，要从国际、国内大势出发，总体布局，统筹各方，创新发展，努力把我国建设成网络强国。

2014年2月至2015年7月，信息安全概念板块指数大涨62%，重点股票如下。

美亚柏科（300188）：136%。

浪潮软件（000977）：118%。

绿盟科技（300369）：100%。

启明星辰（002439）：85%。

3）核电核能概念

2014年3月，习近平访欧，力推中国核电"走出去"。此前，习近平在与英国首相卡梅伦会晤时，提出要在核电等领域打造示范性强的"旗舰项目"。

2014年3月至2015年7月，核电核能概念板块指数上涨68%，重点股票如下。

中核科技（000777）：218%。

沃尔核材（002130）：92%。

上海电气（601727）：76%。

江苏神通（002438）：71%。

4）新疆地域概念

2014年4月，习近平赴新疆就改革发展稳定进行考察和调研。新疆在丝绸之路经济带的建设中具有重要的战略地位，也是A股中最容易被炒作的板块，起因基本都是市场预期新疆区域的支持政策将会出台。

2014年4月至2015年7月，新疆板块指数上涨55%，重点股票如下。

北新路桥（002307）：167%。

青松建化（600425）：75%。

新疆浩源（002700）：73%。

天山股份（000877）：51%。

小白>看来看新闻联播是一个好习惯！以后我老婆要是炒股赔了，我就对她说："让你不看新闻联播！让你不看新闻联播！"

大鸟>从这件事情上我们可以知道，如果要炒股，消息面要关注国家出台的财政政策、货币政策等，还要关注企业的财务报表、公司大事、企业的上报材料和在建项目等。如果要投资数字货币呢？

8.1.2　数字货币投资的消息面关注点有哪些

小白>自然要关注全球经济形势了。具体包括哪几方面呢？

大鸟>包括以下几个方面。

（1）上一章讲了，比特币受美元的影响非常大，那么应该关注全球重要的政策与会议，尤其是美国（美联储）；此外还受区域货币的影响，那么应该关注欧洲、亚洲各国央行，以及国际金融会议或一些国际组织的会议等；还应该关注美国及欧洲、亚洲重要的数据统计与发布。

（2）地缘局势方面，战争、公投、分裂、合并、地震、黑客入侵都会影响比特币的走势。

8.1.3　消息面从哪里获得

小白>消息面一般从哪里获得呢？

大鸟>国内的投资者可以参考金十网、中金在线等网站，如果英语足够好，也可以直接访问美国商务部的网站获得一手资料。

8.2　技术面

小白>说完了消息面，下面说一下技术面。消息面和技术面哪个更重要呢？

大鸟 技术面分析和消息面分析到底哪个更胜一筹？这是一个一直争论不休的话题，也是一个永无结果的话题，就像华山论剑，技术面分析和消息面分析都不乏成功之辈。

消息面和技术面对于任何投资来说都是非常重要的，不能说它们谁更有价值。技术面分析并不能百分之百准确，一些特有的数据公布的时候，技术面是预测不到的，这时就必须看好消息面的预测值。

技术面在平稳的环境下是可以预测到的概率非常大。消息面针对突发型的行情预测。在有绝对影响力的消息面面前，技术面往往失灵。

比如测试非农数据，非农数据依靠技术面根本无法得到消息，只能够依靠前期的每次数据统计才能更好地获得相关的值。非农数据的统计值计算包括失业金、失业率、就业率几个方面。失业金主要计算每周的失业金，先通过上个月4周的统计得出最后的值，然后和预算值及前值对比，差别过大就提前做好准备。

此外，大涨和大跌大都源于消息面，如果单从技术面来解剖，能不能达到"火箭"和"瀑布"就很难说了，就像美国GDP报告一推出比特币就疯涨的情况。

第 3 部分　消息面之会议、政策、数据发布

第 9 章　美联储会议与政策

美国金融政策的一个重要表现指标是联邦利率。众所周知，比特币是用美元计价的，美元的升贬值直接对比特币价格产生影响。美联储会议与决策不仅攸关全球宏观经济走向，而且直接影响美元走势，进而对比特币等数字货币价格产生深远影响。

9.1　美联储的目标

9.1.1　美联储的定义

小白▷上一章我们讲到比特币等数字货币受美元影响非常大，其中美联储的操作策略又极大地影响了美元的走势。那么美联储到底是做什么的呢？

大鸟▶美国联邦储备系统简称美联储，负责履行美国中央银行的职责。

9.1.2　美联储和中国人民银行的区别

小白▷虽然都是央行，美联储和中国人民银行有什么区别吗？

大鸟▶美联储是一家私人开办的银行。美国政府授权它印制美元钞票，发行美元。

小白 私人银行？

大鸟 是的，美联储的股东只在成立的时候公布过一次，在之后的近百年时间里，它的股东信息一直是保密的，在 1913 年公布的股东名单中有摩根大通银行、花旗银行、洛克菲勒财团等。美国政府只占约 10% 的股份，并且不拥有人事任免权。也就是说，美国政府可以提名美联储主席，但不能任命，美联储主席由上述金融寡头资本家遴选。美联储的职能主要就是增发货币和控制美国的利率，引导美国乃至世界的经济走势。

小白 这么说，美联储肯定是代表大资本家的利益了。

大鸟 是有这种说法。因为美联储的股东是大资本家和大财团，所以它最终是为它们谋利的。甚至有一种阴谋论说，由于美元在全球经济中的重要地位，美联储事实上是 1913 年以来历次大的金融危机的始作俑者。

其具体操作方法也很简单，先超量发放货币若干年，让整个市场变得繁荣，然后再突然缩减货币发行数量，从而使一些公司的资金链断裂，最终破产。随着一些公司纷纷破产，有些公司就会以低价出售资产，于是各大财团纷纷以最低价收购最优质的资产，如矿业、铁路等，并且在新一轮的繁荣中获取巨额利润。

小白 中国央行不是这样的吧？

大鸟 中国央行是政府所有的一家银行，也负责发行货币和利率调控，但是它根据市场情况制定是多发货币还是少发货币，以避免经济过热造成经济危机。因为政府没必要通过金融危机来低价收购优良资产，优良资产本来就是国有的，因此中国央行不会人为地通过货币发行量的变化来制造金融危机。

小白 美联储主要的任务是什么？

大鸟 控制通货膨胀和刺激就业是美联储的两大核心任务。

9.1.3 通货膨胀

小白 通货膨胀是指什么呢？

大鸟 看下面的案例。

案例：大饼的故事

比如你是一家之长，家里有 5 个孩子，每天做 5 张大饼，你让 5 个孩子用你发给他们的购物券来换大饼。第 1 天，你发给每个孩子 1 张购物券，这样 1 张购物券换 1 张大饼，每个孩子都换得了 1 张大饼；第 2 天，由于你比较偏爱长子，给了长子 6 张购物券，其他孩子依旧每人 1 张，即共 10 张购物券，但大饼依然只有 5 张，于是要两张购物券才能换得 1 张大饼。因此，长子一个人就能换 3 张大饼，其他孩子每人才能换半张大饼！

我们来分析一下这件事，大饼涨价了吗？我觉得与其说大饼涨价了，倒不如说购物券不值钱了。因为这个家庭在劳动力成本没有变化的情况下每天只能做 5 张大饼，所以大饼的实际价值没有变化，而是购物券所能够代表的物品价值缩水了。

小白 > 这种现象放到货币领域也一样吧？

大鸟 > 是的。截至 2013 年，纸币的总量已经超过 70 万亿元，接近 80 万亿元，而在 2008 年之前只有 50 万亿元。多出来的 20 多万亿元流入市场，势必会造成通货膨胀，人民币贬值。所以，事实上并非物价上涨了，而是你手中的钱变得不值钱了，消费能力下降了。

小白 > 钱不值钱了，看来通货膨胀确实造成了很多影响，那是不是可以说，只要通货膨胀就一定不好呢？

大鸟 > 不能这么武断。按照通货膨胀的严重程度，可以将其分为以下几类。

（1）爬行的通货膨胀，又称温和的通货膨胀，其特点是通货膨胀率低且比较稳定。

（2）加速的通货膨胀，又称奔驰的通货膨胀，其特点是通货膨胀率较高（一般在两位数以上），而且还在加剧。

（3）超速通货膨胀，又称恶性通货膨胀，其特点是通货膨胀率非常高（每月通货膨胀率在 50% 以上），而且完全失去了控制。

（4）受抑制的通货膨胀，又称隐蔽的通货膨胀。这种通货膨胀是指经济中存在着通货膨胀的压力，但由于政府实施了严格的价格管制与配给制，通货膨胀并没有发生。一旦解除价格管制并取消配给制，就会发生较严重的通货膨胀。

如果通货膨胀是温和且可控的，我们认为这样的情况是完全可以接受的。当然，加速及恶性通货膨胀会导致物价上涨，使价格信号失真，容易使生产者误入生产歧途，导致生产的盲目发展，造成国民经济的非正常发展，使产业结构和经济结构发生畸形，从而导致整个国民经济比例失调，不利于经济的稳定和协调发展。

9.1.4 通货紧缩

小白 既然通货膨胀（如果是恶性的）有那么多危害，那么我想问一下通货膨胀的反面，即通货紧缩是不是就对经济好一点呢？

大鸟 不能这么认为，通货紧缩对经济发展也有危害,甚至危害更大，表现在以下几方面。

（1）物价水平持续下降，必然使人们对经济产生悲观情绪，持币观望，使消费和投资进一步萎缩，加速经济衰退。

（2）物价的下降会使实际利率上升，企业不敢借款投资，债务人的负担加重，利润减少，严重时会引起企业亏损和破产。由于企业经营不景气，银行贷款难以及时回收，出现大量坏账，并难以找到赢利的好项目，经营也会出现困难，甚至面临"金融恐慌"和存款人的挤提风险，从而引起银行破产，使金融系统崩溃。

（3）经济形势的恶化与人们的预期心理相互作用，会使经济陷入螺旋式的恶性循环之中。同时，这种通货紧缩还会通过国际交往输出到国外，而世界性的通货紧缩又会反过来加剧本国的通货紧缩局面。

由于货币升值，消费者购买力畸形提高，导致生产者的生产积极性急剧下降，市场上商品减少，人民生活水平也会降低。

小白 人们不愿意花钱了，钱存在银行，资金流动不起来，物价下降,经济不繁荣，是这样吧。

大鸟 正是如此。事实上就是东西便宜了你也买不起，因为经济大萧条，企业发不出工资，说不定你也失业了。

9.1.5　美联储的主要任务

小白 我懂了，无论通货膨胀还是通货紧缩，一旦过度都会对经济、社会、政治造成严重影响。

大鸟 是的。所以各国政府根据市场经济过热或过冷的实际情况来施行适度的政策，适当的（一定范围内的）通货膨胀是有助于经济发展的，但要注意控制恶性通胀。

要控制通货膨胀，高利率下偏紧的货币政策是必须的，但是要刺激就业，最好的政策就是低利率下偏松的货币政策。美联储的任务就是在刺激就业的同时控制通货膨胀。

9.2　鹰派与鸽派

9.2.1　FOMC

小白 这就有点像既要马儿不吃草又要马儿跑得快？那么美联储中的这些人是怎么来决定利率政策的呢？

大鸟 美联储采取大规模政策有其理由，但最终拥有决定权的是美联储联邦公开市场委员会（FOMC）有投票权的 12 位成员。

FOMC 是美联储的决策性机构，其固定成员包括主席、副主席、5 位美联储董事和纽约地区储备银行行长，另外 4 位成员轮流从其余 11 个地区的储备银行行长中挑选，任期一年。

根据这些决策层官员的政策立场，可以大致把他们划分为鹰派和鸽派两派。

9.2.2　鹰派和鸽派的区别

小白 鹰派和鸽派是指什么呢？

大鸟 所谓鹰派和鸽派，指的是 FOMC 委员们在控制通货膨胀和刺激就业这对矛盾体上的倾向。这些决策加息减息的委员们，一般都会对控制通货膨胀，或者刺激就业中的一项更偏重。如果更看重控制通货膨胀，倾向于加息，就会被称为鹰派；若更看重刺激就业，就被视为鸽派。

在美联储抗通胀和保就业两大核心任务上，鹰派反对通货膨胀，要求紧缩。而鸽派更担心就业疲弱，更担忧经济增长，主张量化宽松。通常来说，鹰派比鸽派的态度更激烈。

通俗地说，鹰派占主导，那么就利多美元，利空比特币。反之，若鸽派占主导，则利空美元，利多比特币。

案例：鹰派人物

人物 1：里士满储备银行行长杰弗里·拉克是不折不扣的鹰派。他不仅反对推出量化宽松，而且反对美联储明确超低利率政策的期限指引，并多次对美联储的货币政策声明投出反对票，但其观点难获多数支持。

人物 2：圣路易斯联储银行行长詹姆斯·布拉德接受访问说，在决定是否采取"大动作"来提振经济之前，政策制定者们应等待更多数据。

人物 3：著名鹰派人物达拉斯联储银行行长查德·费舍尔也表示，无论目前美国的经济状况如何，货币政策都应该收紧，因为极度宽松的货币政策在短期内带来的好处远远无法抵消长期的成本。

9.2.3 经济阴晴与势力转换

小白 鹰派和鸽派是一成不变的吗?

大鸟 事实上，美国经济的阴晴决定着鸽派和鹰派势力的起伏。当失业率等关键数据转好时，美联储内部的鹰派势力就会渐趋壮大;反之鸽派则会更有市场。

案例：2013 年鹰派、鸽派人物的变化

2013 年 2 月，美国失业率、核心零售销售数据等关键指标均显示改善迹象，GDP 等数据也显示了增长态势。

当时，美联储内部的货币政策使鹰派渐趋壮大。最明显的例子是，此前一直处于中立的圣路易斯储备银行行长布拉德彻底转向鹰派立场，甚至要求美联储从2013 年开始就应考虑加息举措。

自 2013 年 5 月开始，美国经济数据明显开始"不给力"，这给美联储现行的宽松货币政策提供了支持，也对鹰派所持的货币政策见解形成了压力。从此，鹰、鸽两派在货币政策问题上的立场分歧趋于弱化。比较明显的就是纽约储备银行行长达德利甚至在美联储货币政策问题上走上了"中间路线"。

进入 2013 年下半年，美国经济在低速增长的轨道上继续运行，而 2014 年开始的增税和减支，即所谓的"财政悬崖"，可能导致美国经济在 2013 年重陷衰退。因此市场对新一轮宽松政策望穿秋水，分析人士也认为美联储采取宽松政策有恰当理由。

所以纵观 2013 年，年初上任的 FOMC 委员由原来的 1 位鸽派和 3 位鹰派的投票成员构成，到了年底变为 1 位鹰派、2 位中立派和 1 位鸽派。

9.3　美联储利率决议会议

小白 说完了鸽派和鹰派，现在该讲讲美联储会议了吧?

大鸟 在金融市场中，一系列的事件风险尤以美联储利率决议会议最受关注。美联储利率决议由 FOMC 决定，并将公之于众以引导市场。美联储增加、削减或维持基准利率不变，都会显著影响区块链市场。

美联储根据市场情况调整基准利率,表示未来美国将会采取怎样的货币政策。决定美联储存贷款利率调整的决定如下。

（1）利率高：提高民众储蓄积极性，抑制投机、减少信贷、降低投资规模。

（2）利率低：鼓励投资，有利于企业扩张，提高国家的生产力。

9.3.1　会议时间表

小白 美联储利率决议会议一年要开几次?

大鸟 美联储联邦公开市场委员会每年都会例行召开 8 次货币利率会议，以制定美国最新货币政策，评估最新美国经济。下面是 2018 年美联储议息会议时间表。

2018 年美联储议息会议时间表

一、2018 年 1 月 30-31 日

2 月 1 日凌晨 3:00 公布利率决议。

二、2018 年 3 月 20-21 日

3 月 22 日凌晨 2:00 公布利率决议,凌晨 2:30 美联储主席杰罗姆·鲍威尔召开新闻发布会。

三、2018 年 5 月 1−2 日

5 月 3 日凌晨 2:00 公布利率决议。

四、2018 年 6 月 12−13 日

6 月 14 日凌晨 2:00 公布利率决议,凌晨 2:30 美联储主席杰罗姆·鲍威尔召开新闻发布会。

五、2018 年 7 月 31 日至 8 月 1 日

8 月 2 日凌晨 2:00 公布利率决议。

六、2018 年 9 月 25−26 日

9 月 27 日凌晨 2:00 公布利率决议,凌晨 2:30 美联储主席杰罗姆·鲍威尔召开新闻发布会。

七、2018 年 11 月 7−8 日

11 月 9 日凌晨 3:00 公布利率决议。

八、2018 年 12 月 18−19 日

12 月 20 日凌晨 3:00 公布利率决议,凌晨 3:30 美联储主席杰罗姆·鲍威尔召开新闻发布会。

9.3.2　会议输出结果

小白 那这 8 次会议的输出结果是什么呢?

大鸟 输出结果有以下两个:

(1)利率决议。

(2)会议纪要。

小白 利率决议是指什么呢?

大鸟 在每次会议之后美联储都会公布最新的货币政策,如利率变化、QE、负债规模等,这些统称为利率决议。

（小白）会议纪要是指什么呢？

（大鸟）每次会议结束后的第三周，美联储会公布上次会议讨论过的会议记录，市场把这份记录统称为美联储会议纪要。

（小白）这两者有何区别呢？

（大鸟）如果说利率决议帮助美联储告诉市场它会怎么做，那么会议纪要将会帮助美联储告诉市场它会怎么想，帮助美联储更好地向市场传导它的汇率政策。另外，官员们在会议上讨论的政策和观点，也常常被认为是美国经济政策的最好总结和预测。对于数字货币投资者而言，美联储会议纪要也是绝对不容错过的。

（小白）我们怎么阅读美联储官员的讲话内容呢？

（大鸟）看下面这个例子，这是美联储会议 2018 年 1 月纪要中的官员表态。

案例：2018 年 1 月 FOMC 会议纪要的摘录

与会者讨论了一些风险，若变成现实，则可能需要更陡峭的加息路径。这些风险包括，由于财政刺激或宽松的金融市场条件等因素，导致经济增速远远超过其最大可持续水平，引起通胀压力过度积累的可能性。

许多与会者预计，拟议的个人减税将为消费开支起到一定的促进作用。

许多与会者认为，拟议的企业税改如果实施，可能会对资本支出提供适度的提振，但影响的程度还不确定。

与会者还讨论了可能导致联邦基金利率在中期内轨迹更平坦的风险，包括实际或预期的通货膨胀未能达到委员会 2% 的目标。

与会者普遍认为，以历史标准衡量，收益率曲线目前的平坦程度并不异常。

鉴于高企的资产估值水平和低迷的金融市场波动，两位与会者表示担忧，高度宽松的金融环境若持续下去，未来会对金融稳定构成威胁。

关于通货膨胀，与会者普遍认为中期前景几无变化，大多数人仍然预计通货膨胀将逐渐回到委员会 2% 的更长期目标。

许多人表示，他们预计与紧俏的劳动力市场相关的周期性压力将在中期内体现为更高的通货膨胀。

从中我们能得出一个比较清晰的结论，纪要显示多数决策官员支持继续渐进加息，从而利好美元，打压比特币。

小白〉利率决议一般分为哪几方面呢？

大鸟〉分为降息、加息、利率维持不变、QE、OT 五个方面。对于数字货币而言，加息是一个重大的影响。

9.4 加息

9.4.1 加息的目的

小白〉我们说说加息吧！央行为什么要加息？它想要达到什么目的？

大鸟〉加息是一个国家或地区的中央银行提高利息的行为，从而使商业银行对中央银行的借贷成本提高，进而迫使市场的利息也增加。加息的目的包括减少货币供应、抑制消费、压抑通货膨胀、鼓励存款、减缓市场投机等。加息也可作为提升本国或本地区货币对其他货币的币值（汇率）的间接手段。

一般来说，当一国经济过热，通货膨胀形势越来越严峻之时，可通过加息为经济降温。美联储加息促进美元升值，对股市商品都会产生一定打压。但在具体经济环境中需要结合当时的经济周期和其他要素综合分析。

9.4.2 美联储加息对数字货币的影响

小白〉美联储加息和比特币的关系是什么呢？

大鸟〉一般来说，比特币是与美元直接挂钩的，美元的利率上调必然使美元在国际市场中得到买盘的支持，更多的人因为能得到利息而买入美元，从而利空比特币等其他数字货币。

2017 年 6 月 15 日凌晨 2:00，美联储宣布加息，这是自 2015 年以来第四次加息，半个小时之后，美联储主席耶伦讲话表示，要从此时开始"缩表"，并且给出了具体的缩表规模。

小白〉缩表是什么呢？

大鸟〉比如你有一张额度为 100 万元的信用卡，套了 50 万元出来用，另外 50 万元来回倒腾，此时感觉自己很富有。但是在某一个早晨，你收到银行的一条短信,告诉你信用卡额度下个月要降为 50 万元了,并且以后每个月降低 10%的额度。你自己感受一下吧。你还有闲钱用于比特币投资吗?

小白 难怪数字货币暴跌啊。

大鸟 我们来看下面两个案例。

案例:2017 年 6 月 12 日比特币走势

在创下接近 3000 美元新高后,2017 年 6 月 12 日下午 6 时前后,比特币迎来了一波幅度超过 14%的下挫,根据 OKCoin 币行的数据,13 日凌晨比特币价格跌破 2600 美元。15 日,比特币价格再次出现两次下挫,最低位跌破 2100 美元。截至 16 日,比特币行情逐渐稳定在 2400 美元上下。

多名投资者表达了一些较为一致的看法:这波下跌实际上是美联储加息对黄金和比特币的走势起到了重要影响,2017 年 6 月 15 日美联储宣布加息 25 个基点,同时计划缩表,这导致比特币期货市场做空,而在场内出现交易砸现货盘的结果。

2017年6月15日美联储宣布加息25个基点,同时计划缩表,这导致比特币期货市场做空,而在场内出现交易砸盘的结果。

案例：2018 年 3 月 22—30 日莱特币走势

2018 年 3 月 22 日凌晨，美联储货币政策会议决定加息 25 个基点，将联邦基金目标利率区间上调至 1.50%～1.75%，与市场预期一致。

美联储决议声明，预计会在 2019—2020 年更加陡峭地加息，2017 年第四季度以来支出和投资温和，最近数月经济前景有所增强，未来几个月通货膨胀将会上升，将持稳于 2%。劳动力市场得到强化，经济温和增长，重申经济允许未来美联储渐进加息。

根据最新调查数据，分析师也已将升息时程的预期加以提前，目前大多预期美联储将在 2019 年第二季度升息。此前，美联储自 2008 年 12 月以来便维持隔夜利率在近零水准，而且已买进数万亿美元的债券，借以压低借款成本并提振投资及聘雇活动。美联储将在 10 月底的会议上正式结束购债计划。

受此消息发酵影响，2018 年 3 月 22—30 日，莱特币收跌 40%，从 170 点收跌到 110 点。

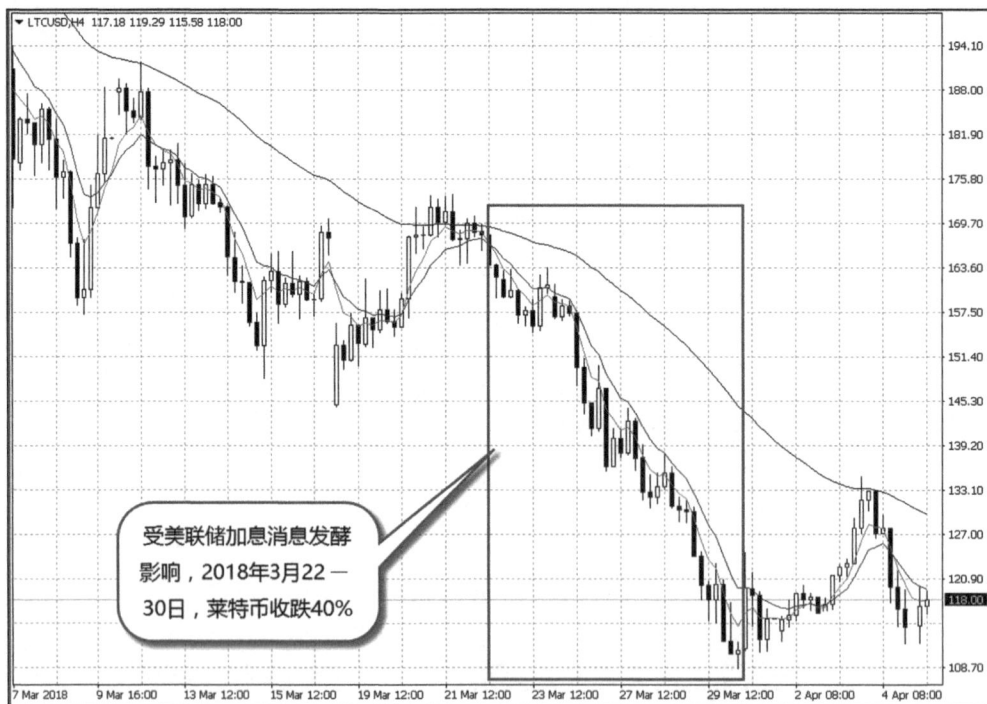

受美联储加息消息发酵影响，2018年3月22—30日，莱特币收跌40%

第 10 章　美国数据统计面

美国数据统计面列表包括两项非常重要的美国数据指标：非农就业报告和美国 GDP 报告，此为重中之重。它们对金融市场的影响巨大，也是投资者判断美国经济好坏的重要参考。读者若想在数字货币行业做好，务必要参透这两个数据指标。

10.1　数据统计面列表

小白⟩美国数据面统计主要包括哪些方面呢？

大鸟⟩我们主要关注以下这些数据报告：

（1）非农就业报告。

（2）美国 GDP 报告。

10.2　非农就业报告

10.2.1　常见参数

名称：非农就业报告。

市场敏感度：非常高。

含义：美国就业信息指标。

发布新闻的互联网地址：http://stats.bls.gov/news.release/empsit.toc.htm。

频率：每月第一个周五晚 8:30。

来源：美国劳工部劳动统计局。

10.2.2 非农定义

小白 我们经常说非农，到底什么是非农？

大鸟 非农全称是"美国非农业人口就业报告"，是美国劳工部公布的，通常被认为是经济运行最同步且最准确的指标，于每个月第一个星期五公布前一个月的统计结果。

非农业就业人口是衡量非农业企业中就业人口月度就业变化的指标，大约包含了整个美国国内生产总值 80%的工人数量。所以它对金融市场的影响巨大，也是投资者判断美国经济好坏的重要参考。

小白 非农就业报告的调查包括哪几个方向呢？

大鸟 每月一度的非农就业报告，有两个指标是最能吸引投资者眼球的：

（1）新增就业人口数量。

（2）失业率。

小白 新增就业人口数量是指什么呢？

大鸟 这是针对企业的调查，对企业的调查关注非农岗位的变化情况，就是不管有多少人失业了，只统计新增的就业人口。

小白 失业率是指什么呢？

大鸟 失业率指失业人口占劳动力人口的比率，是针对家庭的调查。

失业人口指在资料标准周内，年满十五岁，同时具有下列条件者：①无工作；②随时可以工作；③正在寻找工作。此外还包括等待恢复工作者，以及已找到职业而未开始工作亦无报酬者。

失业率 = (失业人口/劳动力) × 100％

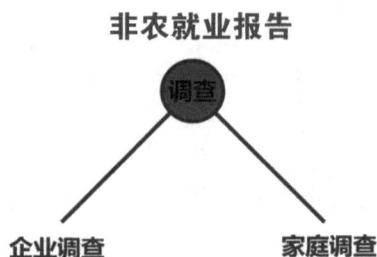

非农就业报告

调查

企业调查　　　家庭调查

小白▷还有别的参数吗?

大鸟▶还有 1 个参数也比较重要——劳动参与率。

小白▷劳动参与率是指什么呢?

大鸟▶劳动参与率可以衡量人参与经济活动的状况。其定义为"经济上活跃的劳动力人口(就业与失业人口相加)除以工作年龄人口",换句话说,该指标衡量"工作年龄"人口中究竟有多少人参加就业,或者被官方认定为失业。如果该指标下降,意味着有更多"工作年龄"人口正在离开劳动力队伍。

劳动参与率 = (劳动力人口/十五岁以上民间人口)×100%

小白▷"离开劳动力队伍"是什么意思?

大鸟▶就是说连找工作的意愿都没有了,什么工作都不干。2014 年 8 月的美国劳动参与率是 62%,正处于 1997 年以来最低的区间。而这就造成一个问题——劳动力闲置问题。

10.2.3　非农就业报告的意义

小白▷非农就业报告有什么重要意义呢?

大鸟▶我们之前说过,美联储有双重使命:控制通胀和刺激就业。

非农就业报告就好比美联储的成绩单,衡量美联储在一个阶段的货币政策效果。非农就业报告主要从就业的角度看美国的经济到底如何?

非农就业报告的主要意义如下。

(1)就业报告是市场最敏感的月度经济指标,投资者通常能从中看到众多市场敏感信息。其中市场特别重视的是随季节性调整的每月就业人数的变化情况。比如,强劲的非农就业情况表明了一个健康的经济状况,并且可能预示着更高的利率,而潜在的高利率促使外汇市场更多地推动该国货币价值,反之亦然。

(2)对美元的影响:就业数据可以极大地影响货币市场的美元价值。一份生机勃勃的就业形势报告能够驱动利率上升,使得美元对外国的投资者更有吸引力,可以通过持有美国的财政债券赚取更多利息收入。另外,一份病殃殃的就业形势报告会弱化对美国货币的需求,因为它给美国股市带来了麻烦,对利率产生了向下的压力,这都会减少美元对外国人的吸引力。

案例：2018 年 2 月 2 日非农就业报告

2018 年 1 月非农就业报告终于揭开帷幕。作为传统的市场大戏，美国劳工部（DOL）2 月 2 日（周五）公布的数据显示，美国 11 月非农就业人数增加 20 万人，高于市场预期的 19 万人，非农雇佣连增 88 个月，为史上最长纪录；薪资增长年率表现尤为靓丽，年率增长 2.9%，创下金融危机以来最大增幅。数据公布之后，美元短线暴拉，欧元、英镑与日元等非美货币、现货金银与美股则重挫不已。

数据显示，美国 1 月非农就业人数增加 20.0 万人，市场预期增加 19.0 万人，前值增加 22.8 万人；1 月失业率为 4.1%，为 2000 年 12 月以来的最低，预期为 4.1%，前值为 4.1%。美国劳工部还将 12 月非农就业人数修正为增加 16.0 万人。非农就业人数连续 88 个月增加，为史上最长连增纪录。

比特币期货一度急跌多达 10%，甚至跌破 6000 点心理位。

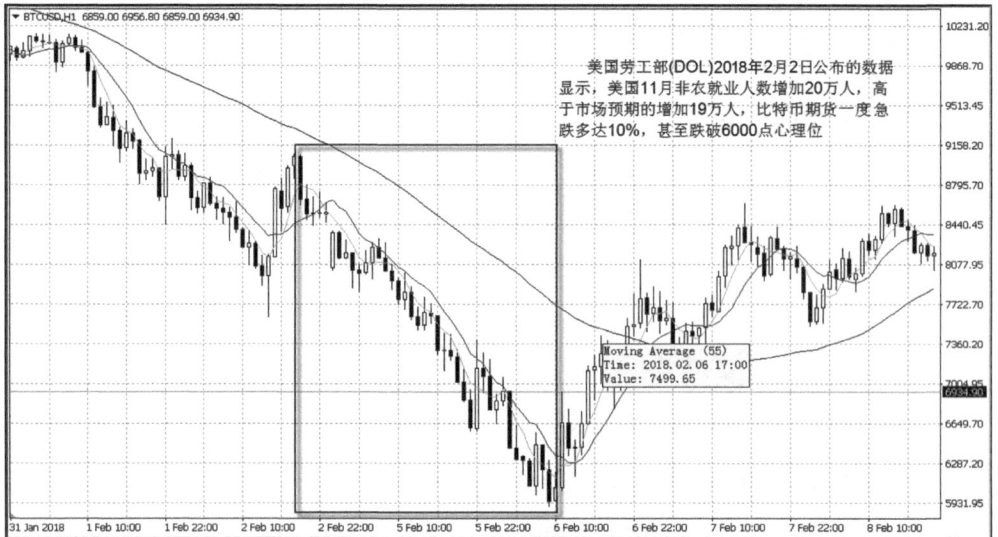

10.3 美国 GDP 报告

10.3.1 常见参数

名称：美国 GDP 报告

市场敏感度：高。

含义：是衡量国民经济发展情况最重要的一个指标。

发布新闻的网址：http://www.bea.gov/newsreleases/national/gdp/gdpnewsrelease.htm。

发布时间：每月底 20:30。

频率：每月一次。

来源：商务部普查局。

修正：修改量可能很大，变动覆盖整个季度。

10.3.2　GDP 概念

小白 GDP 是指什么呢？

大鸟 国内生产总值（Gross Domestic Product，GDP）是指在一定时期内（一个季度或一年），一个国家或地区的经济中所生产出的全部最终产品和劳务的价值，常被公认为衡量国家经济状况的最佳指标。它不但可以反映一个国家的经济表现，更可以反映一个国家的国力与财富。

10.3.3　GDP 数据意义

小白 GDP 的经济学意义是什么？

大鸟 一国的 GDP 大幅增长，反映出该国经济发展蓬勃，国民收入增加，消费能力也随之增强。在这种情况下，该国中央银行将有可能提高利率，紧缩货币供应，国家经济表现良好及利率的上升会增加该国货币的吸引力。反过来说，如果一国的 GDP 出现负增长，则显示该国经济处于衰退状态，消费能力降低。这时该国中央银行可能减息以刺激经济再度增长，利率下降加上经济表现不振，该国货币的吸引力也就随之降低了。因此，一般来说，高经济增长率会推动本国货币汇率的上涨，而低经济增长率则会造成该国货币汇率下跌。

10.3.4　GDP 公布方式

小白 GDP 的数据如何公布呢？

大鸟 西方国家 GDP 的公布通常分为每月公布和每季度公布，其中又以每季度公布的 GDP 数据最为重要。投资者应考察该季度 GDP 与前一季度及去年同期数据相比的结果，增速提高或高于预期均可视为利好。下图是美国季度 GDP 环比年率的变化。

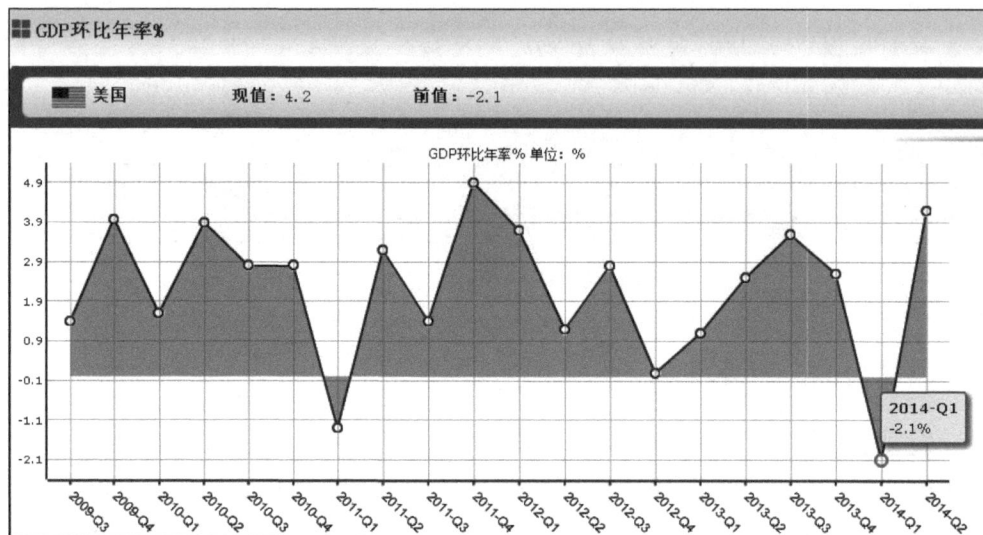

小白〉美国如何公布 GDP 呢？

大鸟〉美国一般本季度公布上一季度的 GDP 结果，本季度每个月都会更新上一季度 GDP 结果。

小白〉为什么上一季度的 GDP 结果会在本季度每个月都更新呢？

大鸟〉美国 GDP 公布一般分为三个阶段：初步统计、初步修正、最终数据。

因为美国 GDP 数据的全球人气指数实在太高，且需要考虑季节与统计周期的因素。美国商务部对每季度 GDP 的公布是相当谨慎的，一般会用三个月的时间去统计并公布三个数值。这三个数值分别为季度实际 GDP 初值年化季率、季度实际 GDP 修正年化季率及季度实际 GDP 终值年化季率，公布的间隔一般都在一个月左右。

案例：2014 年美国第一季度 GDP 公布情况

2014 年第一季度过后，美国商务部在 4 月 30 日公布了初值，在 5 月 29 日公布了修正值，在 6 月 25 日公布了终值，最终完成对美国实际 GDP 的校准。

而经过数字校准之后，美国第一季度实际 GDP 录得−2.9%的萎缩，也真实地体现了天气因素对美国经济造成的影响。终值 GDP 因全面合理的统计而更具有参考价值。公布的修正值如果符合统计预期值则影响不大，如果大幅偏于预期值则预计会对市场产生较大的影响。

10.3.5　GDP 季调的概念

小白 我发现 GDP 中有一个概念叫"季调"，这是什么意思呢?

大鸟 未季调是统计的一手原始数据，季调是指季节调整，根据历史上数据的季节波动规律，把季节波动抹平，这样的数据和前月或前季比较才更有意义。

比如季节性的资金收紧，如冬天我国北方煤炭需求突然增加。所以季调后的数据更具有参考价值，如果不抹平这些季节性因素，就很容易对数据的真实状况产生误判。正因为如此，季调后的数据的参考意义比未季调的数据的准确性要高一些。

10.3.6　GDP 对数字货币的影响

小白 GDP 对比特币等数字货币市场的影响很重大吧？

大鸟 影响力非常大，尤其是与市场的期待值相提并论时，实际发布的经济增长率或衰退率经常会左右金融市场的走势。数据值越高，说明经济增长越强劲。

GDP 代表一个国家境内的全部经济活动，反映经济增长的基本情况，用以分析经济发展目前处于何种状态。GDP 增速加快，表明经济处于扩张阶段，对生产资料的消费需求会增加。通常美国 GDP 越高意味着经济发展越好，利率趋升，美元汇率趋强，利空比特币等数字货币；反之利空美元，利多比特币。

下面通过案例来看一下。

案例：2017 年美国第四季度 GDP 公布情况

周五（2018 年 1 月 26 日）21:30，美国商务部公布数据显示，美国第四季度实际 GDP 年化季率初值为 2.6%，不及预期。

具体数据显示，美国第四季度实际 GDP 年化季率初值为 2.6%，预期为 3.0%，前值为 3.2%；美国第四季度 GDP 平减指数初值为 2.4%，预期为 2.3%，前值为 2.1%。

美国第四季度 GDP 增长不及预期，主要由于贸易与库存的拖累抵消了消费开支与商业投资带来的增长。分部门来看，第四季度家庭消费为经济增长贡献了 2.58 个百分点，商业投资贡献了 0.62 个百分点，住建贡献了 0.42 个百分点。

美国政府通过税改可能会对 2018 年美国经济产生额外提振，但考虑到家庭消费预期将降温，那么达成 3% 的全年 GDP 增长目标可能存在一定挑战。生产率低下及劳动力缓慢扩张的现实从长期来看也不利于经济增长，未来美联储加息引发借贷成本的上升很可能也会削弱经济增长。

2018 年开年以来，美元表现录得 21 年以来最差，提醒投资者可能会发生贸易战。尤其是在美国财长努钦发表关于弱势美元有利于美国的言论，以及特朗普决定对进口太阳能板和洗衣机征收贸易壁垒型关税之后，形势就更加令人担忧。

美国 GDP 数据发布后，比特币 12 小时内暴涨 1000 点。

2018年1月26日美国GDP数据发布，不及预期，比特币12小时内暴涨超1000点

第4部分　消息面之国际局势变化

第11章　突发意外对比特币的影响

很多人没有意识到，我们生活在一个并不稳定的时代，动乱、战争、经济危机、通货膨胀，这是比特币上涨的根本原因。黑客入侵等平台风险及扩容等意外事件也会对比特币等数字货币价格造成打击，甚至造成重大挫折。

小白>突发意外对比特币的影响是什么呢？

大鸟>很多人没有意识到，我们生活在一个并不稳定的时代，动乱、战争、经济危机、通货膨胀，这是比特币上涨的根本原因。

对于政治动荡，法币贬值的委内瑞拉来说，比特币面临的就是生与死的考验：从 2017 年年底到 2018 年年初，委内瑞拉的通货膨胀率高达 1600%，整个社会食物匮乏，四分之三的当地人民因缺少食物而消瘦。在这个穷困潦倒的国家，很多人发现了救命武器——比特币。由于该国用电免费，很多人开始挖比特币，每月可以赚 500 美元，这足以养活一个四口之家。如同美剧《绝命毒师》里的场景，在美国与墨西哥的交界处，是大量毒品交易的重地。由于它去中心化和不可追踪，早期比特币也流转于黑市、毒品交易。毒品交易者、海盗都是比特币的簇拥者。阿根廷有很多比特币玩家就是因为阿根廷的经济危机，看到了政府信用如何破产，并对这个系统产生不信任。当一看到比特币，他们就开始为这种去中心化、不依赖政府信用的设计着迷，开始大量囤积比特币。

如果画一条政治经济局势的时间轴，比特币每次连续上涨的背后都有热点经济政治局势在推动。如果把比特币每次上涨与世界经济政治局势联合做一些分析就会发现，每当有局部性的地区政治动荡，法币通胀，当地人民就会想尽各种办法挖矿，交易并囤积比特币。印度的莫迪废钞、英国脱欧公投、人民币贬值和美国大选，这些重要的历史事件都会引起比特币价格异动。在时代的洪流中，个体力量太弱小，人们会想各种方法来保护自己积攒的财富。这就是为什么每次出现政治经济局势动荡，比特币就会暴涨。比特币的胜利，是它精美设计模型的胜利。从设计上看，比特币是去中心化的。它是 P2P 式的网络传播，不依赖政府与央行信用担保，是天然的市场信用，由大家用钱投票决定优胜劣汰。由于它是反抗权威的，因此政府必然会反对比特币。但同时，这种货币根本也是"管不住"的。

〔小白〕你刚才说的意外事件对比特币的影响就一定是看涨吗？

〔大鸟〕当然不是了，黑客入侵等平台风险及扩容等意外事件就会对比特币等数字货币价格造成打击，甚至造成重大挫折。

11.1　交易所被攻击对比特币的影响

〔小白〕平台风险是指什么？

〔大鸟〕平台风险其实就是交易所的风险。大家放在交易所的币，其实是存在了交易所中心化的钱包里。如果交易所被黑客攻击，那么交易所就有巨大的损失，轻则交易所自己承担损失，重则交易所倒闭。

历史上，交易所被攻击的事件不只发生一两次了，下面举几个典型的案例：

（1）Mt.Gox 被黑客攻击，损失 85 万枚 BTC，申请破产保护。

（2）Bitfinex 遭黑客攻击，损失 119756 枚 BTC。

（3）Youbit 遭黑客攻击，4000 枚 BTC 被盗。

〔小白〕我们遇到这种情况要怎么办？

〔大鸟〕我们尽量选择交易量大、历史长、口碑较好的交易所。而且，如果打算长期持有，就不要将大量数字资产放在交易所，而应将不打算交易的币存在自己的钱包，一定要注意钱包的使用安全，或者可以同时选择多个交易所平摊风险。

其实，交易所的安全性是比较高的，因为大部分交易所都会将大部分的币进行冷存储，少量币用来流通。但是由于交易所量级很大，所以黑客们都会盯着，全世界 90%的黑客都盯着交易所。

11.1.1 Bitstamp 失窃事件

案例：2015 年 1 月 9 日，全球最大的比特币交易平台 Bitstamp 宣布遭到黑客攻击

2015 年 1 月 9 日，全球最大的比特币交易平台 Bitstamp 宣布遭到黑客攻击，约 18867 枚比特币丢失，市值约 3100 万元人民币，随后 Bitstamp 暂停所有业务。

事实上，这已经不是 Bitstamp 第一次出现资金安全问题了，早在 2014 年 2 月，就有关于 Bitstamp 遭攻击暂停提现的报道，并直接导致比特币暴跌 15%，再联想到此前的"善良黑客事件"，我们不禁要问：贵圈这是怎么了？

作为数字货币领域的新兴产品代表，比特币的发展势必要经过一个被认知接纳的过程，回首比特币诞生几年来的风风雨雨，它给大家带来了太多的美好憧憬。

然而当方便、快捷、匿名等一切美好的属性被黑客绑架后，比特币却突然变得那么危险，好像含苞欲放的玫瑰下那些尖锐的刺，永远提醒我们在畅想未来的同时要放慢脚步审视行业发展安全。

此次失窃事件引发了比特币生态圈的一次深层地震，从呼风唤雨的老牌交易所到普普通通的持币者，从线上的比特币大规模转存到线下比特币取款机的诚惶诚恐，比特币行业有了第一次深度内省，巧合的是，这天正是比特币 6 周岁生日的第二天。

自失窃事件发生以来，类似于 DigitalTangible 这样通过 BitpPay 接受比特币支付的电商企业相继反映，由于 Bitstamp 的数据缺失，用户可能在无意之中就多付了近 10 美元，一旦消费者发现这种差异，他们可能再也不会使用比特币支付，这对于整个比特币支付系统而言无疑是灭顶之灾。

毋庸置疑，作为国际比特币行业的头号角色，Bitstamp 失窃事件受影响最大的便是国际美元比特币交易所，包括 Bitfinex、btc-e、火币 BitYes 等。

——本文引用自新浪科技

2015年1月9日全球最大的比特币交易平台
Bitstamp宣布该平台遭到黑客攻击，随后比
特币暴跌

11.1.2　比特币交易所 Bitfinex 遭黑客入侵事件

案例：2016 年 8 月 1 日，最大的美元比特币交易平台 Bitfinex 官网出现漏洞，导致比特币被盗

2016 年 8 月 1 日凌晨，最大的美元比特币交易平台 Bitfinex 官网挂出公告：由于网站出现安全漏洞，导致用户持有的比特币被盗。据报道，被盗的比特币共 119756 枚，总计价值约为 6500 万美元。

在近 12 万枚比特币被盗后，Bitfinex 网站宣布暂停所有交易和存提款业务，将寻求各种方式赔偿客户损失，希望外界保持耐心，以便理清事件发生原因。

比特币数据分析网站CoinDesk发文称，美元占比特币全球的交易量不到20%，而 Bitfinex 是在日本的 Mt.Gox 被盗破产、Bitstamp 被盗交易量下滑之后崛起的，交易量占全球的不到 5%。

对于 Bitfinex 被盗的原因，火币网联合创始人杜均表示，大部分交易所都是采用比特币冷热钱包结合存储的方式，热钱包是指将用户的钱包存储在线上，而冷钱包则是指将钱包离线保存。用户在下载冷钱包时，需要将比特币网络从开始到现在的所有数据全部下载下来，将比特币转入后断开网络。一般来说，除非存储硬件设施损坏，冷钱包的安全系数更高，不容易被盗。

杜均表示，Bitfinex 的存储模式不太一样，Bitfinex 将用户的比特币单独存储，并没有存储在不联网的冷钱包。所以这次黑客攻击才导致部分用户的比特币丢失。

受到本次黑客攻击的影响，全球比特币价格下跌超过 20%。根据国内比特币交易平台火币网的报价，8 月 3 日比特币价格从每个 4043 元人民币下跌到最低 3005 元人民币（截止时间 15:00），单日跌幅超过 25%，这也是 2016 年最大的跌幅。

——本文引用自新浪科技

2016年8月1日最大的美元比特币交易平台Bitfinex官网出现漏洞，导致比特币被盗

11.2　战争对比特币的影响

小白 战争对比特币的影响到底是什么呢？

大鸟 比特币具备避险功能，地缘政治紧张往往会刺激比特币需求的增长。

世界上的重大政治事件、重大突发事件、重要国家的战争，都会对比特币形成很大的影响，全球地缘政治局势动荡往往会导致短期内比特币避险需求攀升，但战争对比特币的影响又不一而论，要视发生地、持续时间、有无预期等因素决定。

此外要注意，战争对比特币等数字货币价格的推涨作用时间不会太长。总体来看，第二次世界大战后的战争都是局部战争，对世界格局的影响局限在一定范围内，战争对比特币产生的风险溢价持续的时间往往不会很长，战争的开始阶段、加剧阶段、结束阶段对比特币的影响都不一样。

大鸟 战争突然爆发是比特币等数字货币价格短时上涨的催化剂，不过各次战争对金价的影响多数是短暂的，日后影响会逐渐消失。

案例：2017 年 12 月 4 日，朝鲜半岛局势紧张，比特币大涨

据新加坡联合早报网报道，2017 年 12 月 4—8 日比特币价格暴涨，重要原因是：朝鲜半岛局势紧张，导致大量韩国人购买比特币避险。

朝鲜半岛局势有多紧张？美韩两国空军 12 月 4—8 日在朝鲜半岛上空进行联合空中演习，美军出动大量第五代战机参演。参演战机总数之多，规格之高，被韩媒称为美韩迄今"最大规模"的空中演习。朝鲜半岛也不示弱，外务省发言人连发声明：美韩军方大规模联合演习，以及美国威胁对北韩发起先发制人的打击，已使朝鲜半岛爆发战争成为"既定事实"，现在的问题是何时爆发战争。朝鲜半岛陷入紧张对峙局面，触发战争仿佛就在一念之间。

受此危机影响，比特币从 2017 年 12 月 4 日开始大涨，全球均价超过 12 万元人民币；处于危机核心区的韩国的某交易所比特币价格一度逼近 15 万元人民币。你可以假设自己是韩国人：如果朝鲜半岛发生战争，你如何保护自己的资产？房地产可能被炸，韩元势必贬值，黄金又太重不方便携带。一旦为躲避战争流亡国外，比特币是值得考虑的选择（或者说最优选择）。对很多经济不稳、政局不稳的国家来说，法定货币很容易受到冲击。一旦战争爆发，引发恶性通货膨胀，对民众来说，持有法定货币比持有比特币更不可靠，所以比特币是更安全的选择。

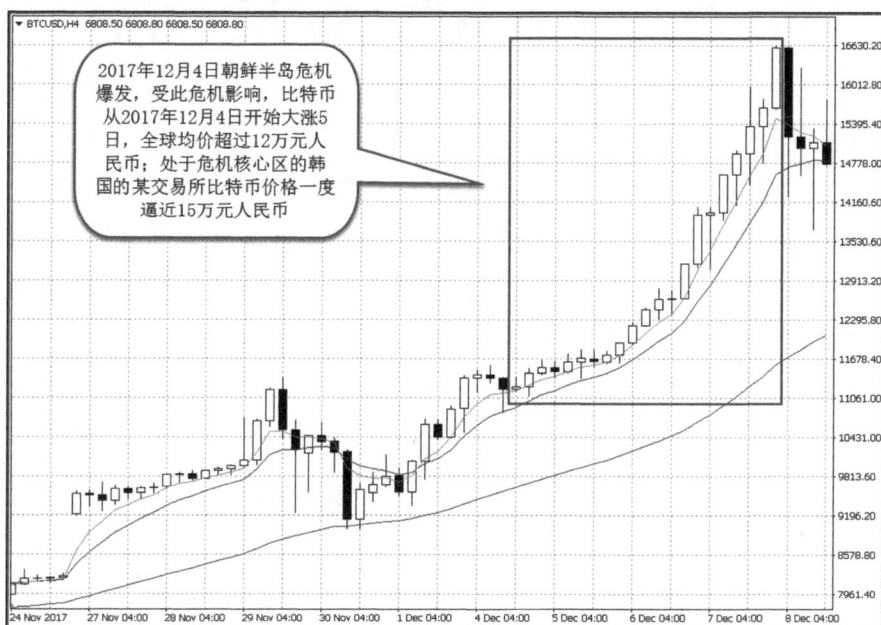

2017年12月4日朝鲜半岛危机爆发，受此危机影响，比特币从2017年12月4日开始大涨5日，全球均价超过12万元人民币；处于危机核心区的韩国的某交易所比特币价格一度逼近15万元人民币

11.3　扩容对比特币的影响

小白>扩容对比特币的影响到底是什么呢?

大鸟>比特币社区内部一直在为扩容争吵不休。扩容是指在进行每笔交易时,如何解决交易手续费高和确认时间慢的问题。比特币自建立以来已经有过 5 次分叉了,社区内部也对分叉争吵不休,曾经有一个自称"中本聪"的人现身 Twitter,表达了对比特币核心开发团队的不满,以及对各分叉币的失望。尽管普通人认为比特币每次分叉都可多获得一个新币,但如果从底部调整算法,代码更改很可能会出现安全、丢币、身份认同、规则改变等多种危机。

只要扩容问题不彻底解决,比特币核心团队与矿工的战争就无法停止,内乱风险就依然存在,这些限制了比特币各项开发应用的上线,如类似于以太坊的智能合约体系。

大鸟>扩容是比特币等数字货币价格短时上涨的催化剂,不过各次扩容对比特币价格的影响多数是短暂的,日后影响逐渐消失。

案例:2017 年 7 月 17 日,比特币扩容的争论导致比特币暴跌

2017 年 7 月 17 日凌晨 0 点左右,以太币交易价接近 159 美元,距离其 6 月 17 日创下的历史最高的 375.43 美元已累计暴跌约 57.6%。除了以太币,莱特币、瑞波币(Ripple)和达世币(Dash)这三种加密货币在 7 月 17 日也均出现了 15%~25%不等的跌幅。

投资者最关注的比特币也在 2017 年 7 月 16 日晚暴跌 12%至 2000 美元以下,一度跌至 1836 美元,距离 6 月 11 日创下的历史最高位 3018 美元暴跌了近 40%。对于数字货币的暴跌,媒体指出,加密数字货币专家认为这是由多种因素引起的,包括投资者在以太币暴涨后获利回吐;市场对比特币"硬分叉"的不确定性和区块链上创业公司可能大量抛售以太币的担忧。提到硬分叉,还要从比特币区块链自身的设计说起。在中本聪设计比特币之初,比特币区块就被设计成了 1MB 的信息容量。以当时的比特币交易量来说,这 1MB 足够使用且绰绰有余。但随着比特币知名度的提高,以及用户规模日益壮大,1MB 的区块容量已经难以支持比特币网络迅速地进行比特币交易确认,因此大量的交易数据造成了比特币网络堵塞的问题。

因为比特币网络每秒只允许发生约 7 笔交易，而对于全球几千万的用户群来说，这种交易处理能力实在是太低了，明显制约了比特币在未来的发展。因此，比特币区块扩容（简称比特币扩容）的问题就应时而生。

比特币扩容的争论主要围绕隔离见证（SegWit）和比特币无限（Bitcoin Unlimited）来展开。

隔离见证主张不改变原有比特币区块容量的上限，而是采用二层网络的办法，先将比特币实时交易在二层网络进行结算，然后再将结果提交到比特币区块链的主链上进行登记，以减少比特币网络的工作量。

但反对者认为，采用二层网络是不安全的，存在被黑客攻破的风险。因此隔离见证的反对者计划在比特币主链上进行改进，放开比特币区块的限制，让比特币网络一次能够处理足够的数据，从而提升网络效率。这一方案就被称为"比特币无限"。

扩容争论的双方各持己见，互不相让，在这种情况下，有些人就开始想着硬干了。你支持隔离见证，我支持比特币无限，谁也无法说服谁。那好，你干你的，我干我的，我们把比特币区块链一分为二，这就是所谓的比特币硬分叉。最开始，人们担心比特币硬分叉会让原本的比特币（BTC）和分叉出来的比特币无限币（BTU）产生"竞争关系"，这对整个行业来说可能并非好事，而且短期内比特币的价格或将大幅下跌，因为价值被稀释了。

后来，人们发现分化后的比特币区块链也是需要矿工支持的，那如何取得矿工的同意呢？矿工就那么多，让他们投票吧，到现在也没有给出明确的结果。

对于普通投资者来说，当你看不清前方的风险时，离场或许是最好的选择。受扩容消息影响，2017 年 7 月 17 日比特币从高点 4000 美元一度跌至最低点 1836 美元，最大跌幅达 38.5%。

受比特币扩容影响，2017年7月17日比特币暴跌至1836美元

第 12 章　区域经济危机对比特币的影响

比特币的支持者认为持续的经济危机对社会是一种毁灭性的打击，但这可能也是一个让比特币证明自己的机会。当旧的法定货币崩溃时，人们便会涌向比特币，把比特币作为新的资产避风港——21 世纪版的黄金。

小白 区域经济危机对比特币的影响是什么呢？

大鸟 影响有很多，这里主要讲三点：

（1）主权债务危机。

（2）货币贬值危机。

（3）评级危机。

12.1　主权债务危机对比特币的影响

12.1.1　主权债务的概念

小白 什么是主权债务？

大鸟 国家债务是外部债务和内部债务的总和。而外部债务一般称为主权债务，是指国家政府以外币发行，并由外国投资者购买的债券。一般来说，大家都认为向政府借债是十分安全的。万一政府山穷水尽了，部门只需要上调税收，或者加印货币就能付清债务。

不过主权债务也有风险，若债权方的发行能力不够，货币发行量或会不足，政府要付清主权债务，就要以外币计算借贷总额，然后再出售债券。

国际投资者会倾向于信任大多数发达国家，他们认为这些国家的稳定经济能保证信贷的价值，但是这次欧债危机，其中好几个国家因还贷期限在即，债券利率跟着飙升，主权债务最后就因缺乏保障导致最终逾期。

假设阿里巴巴国不能偿还债券持有人，他们就可以索取各种政府资产，政府的主权风险就会增加，主权风险越高，主权违约的概率也就越高，投资者会相应要求提高债券的利率，最终主权债务危机就产生了。如果阿里巴巴国真的违约了，以后筹集资金就会更难，利息也会非常高。

因此那些依赖主权债务的国家，有时候会限制信贷支出，不过欧洲好几个国家的经验已经证明：若经济进展超过预期，债务水平可能会一发不可收拾，国家不控制好货币就难以走出困境。投资者最好先研究一国的支出模式和主权评级，然后再考量向该国借贷的实际回报率。

12.1.2 欧债危机的由来

（小白）欧债危机是什么呢？

（大鸟）欧债危机的全称叫"欧洲主权债务危机"。

（小白）欧债危机到底是怎么产生的呢？

（大鸟）欧洲主权债务危机始自 2009 年 12 月全球三大评级公司下调希腊主权评级，希腊的债务危机随即爆发。其实，希腊的主权债务问题由来已久，冰冻三尺，非一日之寒。

希腊在欧盟及欧元区中属经济发展水平较低的国家。希腊在加入欧元区后，为了保持与欧元区一线国家同样高的社会福利，并且满足国内民众加入欧元区后的幸福感，不得不开始大举借债以维系其社会运作体系。人们也许不会忘记 2004 年雅典奥运会时展现的辉煌，但这实际也是通过希腊政府的大幅举债完成的。截至希腊危机爆发后的 2010 年年初，希腊的债务总额已高达 2940 亿欧元，按希腊人口 1100 万左右计算，人均负债大约 2.67 万欧元。不堪重负的希腊于 2009 年 10 月初宣布，政府当年财政赤字和公共债务占国内生产总值的比例将分别达到 12.7%和 113%，已经远远超出加入欧元区时的标准。

（小白）看来屌丝就要过屌丝的日子，冒充高富帅是会出问题的。那后来怎么样了？

（大鸟）希腊债务问题在欧盟及 IMF 高调的援助政策下虽然有所缓和，并且伴随 2010 年世界性的经济复苏，其给市场带来的风险情绪得到缓解，但债务危机产生的本源并未从根本上消除。因为希腊获得的援助资金仍然是以新的债务形式来承担，这是在借钱还债，最终变为债上加债。之后，又有新的欧元区成员国（如爱尔兰、葡萄牙等）被爆出类似的债务问题，西班牙、意大利等欧元区中更大的经济体近年也出现主权评级展望遭受调降的境况，世界市场因欧债问题已变得风声鹤唳，欧债危机已呈愈演愈烈之势。

2011 年欧债危机卷土重来，希腊再次成为麻烦制造者。由于希腊经济基本面持续恶化，市场普遍质疑其未来偿债能力。而解决债务问题的根本在于通过经济稳定增长来增加财政收入，但希腊经济依然没有摆脱衰退的困境。希腊 GDP 2010年下降 4.2%，2011 年又下降 3%。2010 年希腊在接受援助时曾承诺到 2013 年前将财政赤字占 GDP 比例降至 3%。但 2014 年以来，整顿财政遭遇强大阻力，公共开支未有效缩减，国家税收流失依然严重，国有资产私有化未能有效执行。2011 年，希腊财政赤字占 GDP 比例仍然超过 10%。显然，欧盟及希腊对债务问题的解决还远没有完成。

12.1.3　欧债危机对比特币的影响

小白 欧债危机会对商品市场产生什么影响呢？

大鸟 欧债危机对商品市场产生深远影响。欧洲央行自金融危机之后追随美国实行低利率的货币宽松政策，因而不仅在欧元区内，在世界范围的商品市场中也制造了相当程度的通货膨胀压力。尽管经济学界将近年商品价格飙升，各地通货膨胀高企的主要原因归咎于美国执行的量化宽松货币政策，但欧债危机之后出现的一定程度上的欧元流动性过剩同样对全球数字货币价格走高起到了推波助澜的作用。

小白 我明白了，那其对比特币产生什么影响呢？

大鸟 许多比特币的粉丝对全球经济的健康发展并不感到乐观。他们对全球经济的不信任——甚至是悲观的态度——这些比特币追随者相信这个理论蕴含着有关这个真实世界市场有价值的信息，也常常思考如果发生经济衰退，并且状况糟糕到让传统金融系统脱机且无力应对，那时他们挚爱的数字货币——比特币会变成什么样。

比特币的支持者倾向于认为这样的事对社会是一种毁灭性的打击，但这可能也是一个让比特币证明自己的机会。当旧的法定货币崩溃时，人们便会涌向比特币，把它作为新的资产避风港——21世纪版的黄金。因此，比特币的购买力，以及全球范围内对它的接受程度都将飞速提高，使其迅速成为旧的货币体系崩溃后全球货币的首选。

目前已经发生了一些小规模的这种现象。2013年，塞浦路斯政府宣布了一项激进的举措，即它将利用公民的个人银行存款来帮助其实施救助计划。塞浦路斯居民为了逃离政府的搜刮，纷纷涌向比特币，比特币的价格和交易量也因此飙升。两年后，在2015年的夏天，当全球经济有可能面临最糟糕的境遇时，比特币又再次受到人们的热捧。希腊曾面临过一次债务危机，并可能退出欧盟，而中国经济也跌了一跤。当许多中国公民，以及许多推测希腊将退出欧盟的人，都涌入比特币市场以巩固他们的财富时，比特币的价格再次飙升。

所以，比特币追随者都在伺机以待，他们坚信下一次全球经济衰退将是比特币的重要历史转折点。

然而这些人可能会得到一个令他们失望的结果，因为传统金融的衰退可能会慢慢减弱，没有真正的高潮部分，而那时比特币的崛起就会在一夜之间破灭。尽管许多人也认为经济衰退将日益恶化，直到经济崩溃，经济理论表明经济衰退可能呈现出不同的长度和强度。下一次衰退可能是非常严重的，也可能是相对温和的——过去的衰退情况并不能决定下一次经济衰退的严重程度。因此，比特币的采用率与经济衰退不一定是线性变化的。如果经济衰退得非常糟糕，比特币可能会受到人们的广泛追捧。然而，如果经济衰退的影响较小，人们可能不会考虑使用不同的货币。

小白 这是否意味着大范围地使用比特币是比特币狂热者的一厢情愿呢？

大鸟 不完全是。毫无疑问，目前传统金融的状态并不是很好。美国花了6年的时间才使它的失业率达到美国联邦储备理事会5.5%的目标，而且该比率下降的大部分原因是人们逐渐退出劳动力市场而不再找工作。此外，工作报告喜忧参半：几个月的经济增长高于预期，而其他几个月都并不理想。除了美国，其余国家的经济也并不稳定。希腊、爱尔兰和波多黎各也同样面临潜在的债务危机，这将危及整个全球市场。与此同时，中央银行政策似乎也在失去作用，美国联邦储备理事会几乎10年以来一直把利率保持在大概0%的水平上，2008年金融危机后美国经济也一直没有出现明显的好兆头。传统的法定货币很可能在某种程度上下跌，但这也可能是一个缓慢的过程。因此，比特币想要取代法定货币还有很大的成长空间，这一刻的到来也许不像有些人想象的那样快。

当然，我们仍然可能会面对又一场经济衰退，可能会经历一场严重的经济萧条，那时人们会大量涌入一个新的货币体系——比特币将是一个不错的选择。但是我们也必须明白，世界末日也可能不会到来，比特币追随者可能不得不走过一段漫长而崎岖的道路。如果比特币成为一个有价值的选择，世界也可能会慢慢地放弃传统的法定货币。

案例：希腊国债收益率飙升 欧债危机 2.0 影现

希腊总理萨马拉斯（Antonis Samaras）2014 年 10 月 11 日计划让希腊退出救助计划，以赢得国会信任投票。根据最新民调，倾向不再接受欧盟及国际货币基金组织（IMF）苛刻救助条件的希腊左派政党，2015 年 2 月大选胜出的可能性大。

萨马拉斯希望赶在大选前退出欧盟救助计划，而非等到原定的 2016 年年底，以证明政府已夺回主权。他主张希腊已能够自行自民间市场筹资，不需再承受欧盟、欧洲央行（ECB）及 IMF 救助"三方代表"的紧缩条件。但希腊此时在民间市场借贷的利息仍高居 7%，是救助贷款利息的 7 倍，显然他的构想仍令市场惶恐。

根据彭博的经济学家调查显示，85%的人认为萨马拉斯的提案根本不符合经济学逻辑，因为以国家负债占 GDP 高达 174%的情况来看，财政也无以为继。欧洲央行行长德拉吉坚持评级较差的欧洲国家必须置于某种监管之下，这样才能从欧洲央行的新政策中受益。

希腊股市自 2014 年 10 月 11 日开始暴跌，国债收益率飙升，并拖累欧洲其他国家股市。分析师警告，"欧债危机 2.0 版"有可能爆发，因为希腊 10 年期国债收益率已经升至 1 年来高点。

嘉盛集团研究主管、分析师 Kathleen Brooks 指出："数日来，市场风向陡转，人们原先都以为希腊问题正在修复，但债券收益率现已越过红线。回想 3 年前，当时欧债危机来到最高峰时期，边缘国家债券收益率也在 7%以上，这是市场担心债市无法获取收益的收益率水平。"

凯投宏观（Capital Economics）的经济学家 Sarah Prton 称："市场反映了希腊提前退出援助计划的难度，当前 7%的收益率水平远高于希腊需要支付给国际货币基金组织的利息水平。"

　　很显然，欧元区局势在恶化，甚至可能几年内再次爆发债务危机。如果事情真的发生或是对此事件的预期升温，那无疑将大大推升市场的避险情绪，并使资金流入比特币这类避险资产，刺激数字货币大幅走强。受此影响，2014年10月7—15日比特币连涨7天。

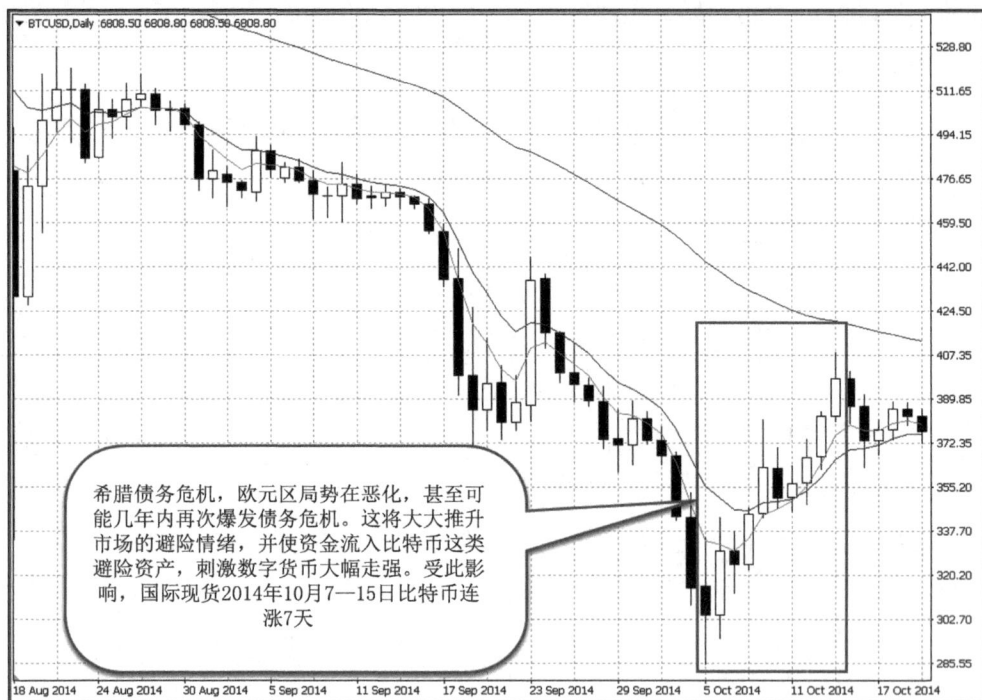

希腊债务危机，欧元区局势在恶化，甚至可能几年内再次爆发债务危机。这将大大推升市场的避险情绪，并使资金流入比特币这类避险资产，刺激数字货币大幅走强。受此影响，国际现货2014年10月7—15日比特币连涨7天

12.1.4　南美危机对比特币的影响

　　(小白) 南美危机对比特币的影响是什么？

　　(大鸟) 北美洲是一个自由、开放、博爱的社会，因此比特币在美国发展比较迅速，加之美国人喜欢冒险，也加速了比特币在美国的发展。虽然美国监管机构多次对比特币进行干预，但这并不能阻碍比特币的发展。在南美洲，比特币的盛行主要是受经济危机的影响，例如阿根廷由于经济危机资金持续外流，经济发展出现停滞，民众的财产得不到相应保护，民众希望寻求一种新的投资方式来保证自己的财产不贬值，因此比特币在阿根廷特别活跃。

案例：委内瑞拉政治危机对比特币的影响

2016 年 12 月 25 日，委内瑞拉政府宣布回收委内瑞拉货币中面值最大的 100 波利瓦尔纸币。2016 年委内瑞拉通胀率全球最高，已经达到 500%，经济一片混乱。民众纷纷把手中的波利瓦尔兑换成比特币，才能买到每日必需的生活品，或者给员工发工资。

委内瑞拉境内究竟有多少比特币使用者，还没有官方统计数据。根据一家提供比特币/波利瓦尔交易服务的网站数据显示，比特币的用户数量从 2014 年 8 月的 450 人，上涨到了 2016 年 11 月的 85 000 余人。

比特币交易平台首席执行官表示，委内瑞拉民众用比特币来购买食物和药品，在国外工作的委内瑞拉人给国内的家人寄钱时使用的也是比特币。还有人用比特币在美国或其他国家的亚马逊网上商店购买食物和其他商品，因为委内瑞拉国内的超市经常被一抢而空。

根据数据，2014 年，1 个比特币约等于 40 000 波利瓦尔（630 美元），截至 12 月 16 日，1 个比特币约等于两百万波利瓦尔。

许多委内瑞拉科技工作者在接一些外包的工作时，往往希望对方用比特币支付。"某比特币交易平台提供把比特币兑换成波利瓦尔的服务，委内瑞拉民众就可以付手机费和水电费，进行银行转账等。"

委内瑞拉的政治经济动乱，连带引起了国家卫生系统的崩溃，药品和其他医疗用品极度紧缺。Eli 是一个 33 岁的鞋店店主，他把比特币给一个住在哥伦比亚的朋友，让他帮忙代购治疗骨癌的药品。

"如果没有比特币，我就很难买到给妈妈治病的药。我的生意要破产了，背上了很多债务，还好比特币让我能够保存一些积蓄。"IMF 预计委内瑞拉玻利瓦尔 2016 年通胀率将达 1100%。如果按照黑市计算，2012 年以来玻利瓦尔价值跌去了 99.4%。正是在这种背景下，数字货币成了委内瑞拉人的救命稻草。

去中心的比特币、以太币价格不受政府控制，全球通行，价格也与挖矿地本身经济状况无关，正是这一点导致大量委内瑞拉人转向地下挖矿。还有一个重要原因是委内瑞拉电费免费。

挖矿者中还有政府公务员。一个居住在加拉加斯郊区的 29 岁的爸爸对 CNBC

称，政府给的每月 43 美元的收入无法让自己和女儿吃饱。

委内瑞拉全国人民纷纷加入挖矿大军，以规避全球经济不确定性的风险，导致比特币上涨。受此影响，比特币在 2016 年年底突破 1088 美元大关，创造年度神话。

12.2 货币贬值/升值对比特币的影响

小白 说完了主权债务危机，下面讲述货币贬值/升值对比特币的影响。

大鸟 关于货币贬值危机，我们举几个例子：

（1）瑞士央行放弃欧元兑瑞郎 1.20 汇率下限。

（2）人民币贬值对比特币的影响。

（3）人民币升值对比特币的影响。

（4）印度废钞对比特币的影响。

12.2.1　瑞士央行放弃欧元兑瑞郎 1.20 汇率下限

小白 瑞士央行意外宣布放弃欧元兑瑞郎 1.20 汇率下限是怎么回事呢?

大鸟 2015 年 1 月 15 日,瑞士央行意外宣布放弃欧元兑瑞郎 1.20 汇率下限,而讽刺的是,就在一个月前瑞士央行行长还信誓旦旦表态"要尽最大努力"捍卫欧元兑瑞郎汇率下限。

小白 瑞士央行缘何突然翻脸?

大鸟 不愿替欧银 QE 买单呗。瑞士央行数次承诺将不惜代价维护欧元兑瑞郎的 1.20 汇率下限,以阻止瑞郎升值对瑞士以出口为主的经济造成冲击。事实上,欧元/瑞郎价格也被维持在了这一水平附近长达三年半,为了维持这一下限,瑞士央行一直在大量买入欧元资产,这给央行的外汇储备带来了巨大压力。

瑞士央行可能是因为了解到在欧洲央行实施 QE 后,再买汇以阻止瑞郎升值的代价会越来越高,会有太多资金流入,特别是欧洲央行即将实施量化宽松,因此认为有必要让价格动起来。欧元 QE 即将出台,届时可能有大量避险资金涌入瑞士,瑞士央行将无力接盘,与其被迫放弃汇率下限不如先发制人,提前放弃自己维护汇率下限的承诺。

小白 这次事件的影响是什么?

大鸟 此次瑞士央行的突然袭击令原本金融市场上呼风唤雨的对冲基金成了受害者,截至 2015 年 1 月 14 日为止的芝加哥商业交易所(CME)数据显示,杠杆投资者和资产管理公司此前一直都在重大做空瑞郎。彭博调查显示,没有任何分析师预测到瑞士央行将废除这一限制。

荷兰合作银行分析师称,在瑞士央行做出取消欧元/瑞郎汇率下限的惊人决定之前,瑞郎空头头寸的规模达到 2013 年 7 月 15 日以来最高水平,美国商品期货交易委员会(CFTC)的数据显示,瑞郎/美元空头头寸规模创 2013 年年中以来最高纪录。

瑞士央行声明之后,市场上瑞郎兑欧元暴涨近 30%,美元、欧元跳水;避险资产(如比特币)大涨突破 300 美元,30 年期美债收益率再创历史新低;国际油价呈现 7 美元的剧烈震荡。同时,瑞士股市 SMI 一度重挫超 13%。美股高开低走,标普 500 指数再度跌破 2000 点,收盘五连跌。

瑞士央行意外宣布放弃欧元兑瑞郎1.20汇率下限，比特币避险大涨超300美元

12.2.2　人民币贬值对比特币的影响

小白：人民币贬值对比特币有什么影响呢?

大鸟：2016 年 10 月以来，人民币中间价屡创新低，与之对应的是比特币价格暴涨，2016 年 10 月已经涨至近三个月新高。在经历了 9 月初的大跌之后，比特币以放量暴涨再次引发市场关注。根据数据，比特币价格于 2016 年 10 月 20 日盘中触及 656 美元，创下近三个月以来新高。10 月 23 日比特币成交量放大至近 550 万枚，创近七个月高点。

分析认为本次比特币大涨与人民币贬值不无关系，汇率是比特币价格长期变化的底层因素，受人民币贬值压力的影响，投资者会考虑配置一些保值和避险资产。

10 月以来，人民币中间价屡创新低，21 日人民币中间价跌破 6.75，刷新逾六年新低；25 日人民币中间价逼近 6.77，再度刷新逾六年低点。

比特币市场需求的大幅增长伴随着人民币进一轮的贬值而到来，中国投资者对比特币的需求占到了这一虚拟货币交易总量的近 90%。比特币的独特性让面临资本管控和资产荒的中国投资者多了投资另一币种的途径。中国国内最大比特币交易平台 Huobi 的首席运营官朱家伟表示："由于人民币进入了贬值通道，投资者将考虑投资能够保值的资产以对冲风险。"

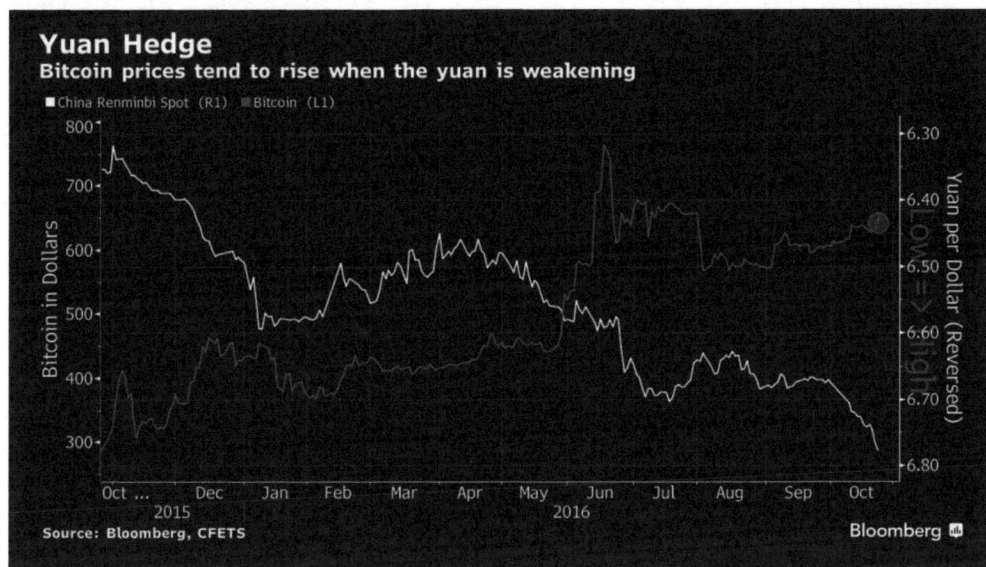

12.2.3　人民币升值对比特币的影响

小白 人民币升值对比特币的影响是怎样的呢?

大鸟 2017 年 1 月 5 日，随着人民币大幅升值，比特币的暴涨行情也暂时告一段落，1 月 5 日跌幅一度高达 20%。这进一步证明两者之间的负相关性。

比特币在短短两周内上涨 40%，2017 年 1 月 4 日创下 1139.89 美元的三年新高，距离之前在欧洲 Bitstamp 交易所创下的 1163 美元历史最高点仅一步之遥。但由于 1 月 5 日人民币离岸汇率大涨逾 1%，导致比特币当天最低跌至 885.41 美元。

中国比特币交易所过去一年的交易额大幅增长，与此同时，人民币却贬值近7%，是 1994 年以来的最差年度表现。而同期的比特币却暴涨 125%，连续第二年超过所有货币。

比特币可以在全球范围内实现快速的匿名汇款，不受任何央行控制，这也吸引了很多希望绕过中国资本管制的投资者。

伦敦数字货币交易所的联合创始人保罗·戈登（Paul Gordon）说："考虑到人民币最近几个月的弱势表现似乎与比特币的强劲走势存在相关性，所以在人民币突然走强的时候，比特币投资者的反应也就不足为奇。"

中国比特币交易所表示，中国比特币交易占全球比特币交易总额的90%以上，这也足以解释中国的需求为何会对比特币的币值产生如此大的影响。

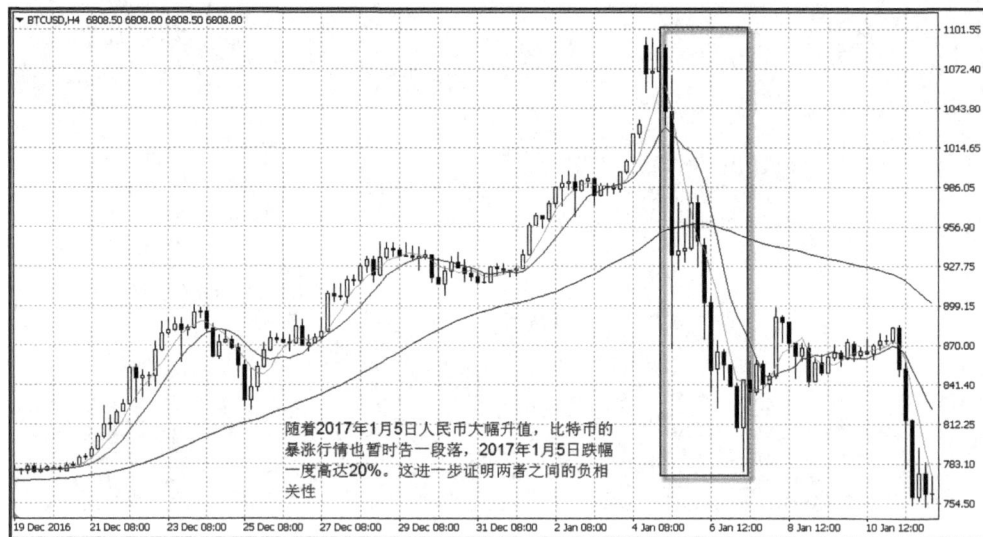

随着2017年1月5日人民币大幅升值，比特币的暴涨行情也暂时告一段落，2017年1月5日跌幅一度高达20%。这进一步证明两者之间的负相关性

12.2.4　印度废钞对比特币的影响

小白▷印度废钞是怎么回事呢？

大鸟▷2016年11月13日，印度总理莫迪宣布废除500及1000卢比两种大额纸币，这场"废钞运动"一下子让占印度货币总流通额86%的现金变成"废纸"，大批印度民众挤爆了邻近的银行网点，在自动取款机前排队的人群也排到了大马路上。2016年12月，印度经济开始受到影响，在印度90%的交易都是通过现金完成的，现金与GDP的比率达到了12%，是巴西、墨西哥、南非等金砖国家的4倍左右。由于新钞兑换进度过慢，需要大量现金完成交易的房地产行业受到严重冲击，而比特币却借此一飞冲天，创出近3年新高。

小白▷废钞让比特币成为印度新宠。

大鸟▷是。印度贫富极端分化，由于大部分财务往来通过现金完成，这为偷税漏税提供了条件，助推了"黑色经济"的增长，这也是莫迪决定"痛下杀手"的原因。同时为了斩草除根，印度还要求对无法证明收入来源的存款征收重税。于是有不少印度人想到了有匿名、安全、难以监管等优点的比特币。比特币建立在区块链协议的基础上，也就是说，如果把比特币看作货币，那么区块链就是银行，保持绝对公正。这种特性也决定了比特币交易在全球数百万个服务器上同步进行了备份，不可篡改。所谓匿名性，就是任何人都可以建立钱包，相当于银行账户，却不需要留下个人信息，但这也让它成为贩毒、洗钱等不法活动的最佳工具。所以印度废钞导致比特币暴涨是意料之中的事情。

2016年11月13日，印度总理莫迪宣布废除500及1000卢比两种大额纸币，这场"废钞运动"一下子让占印度货币总流通额86%的现金变成"废纸"，由于新钞兑换进度过慢，需要大量现金完成交易的房地产行业受到严重冲击，而比特币却借此一飞冲天，创出近3年新高

12.3　国家评级下跌对比特币的影响

小白 说完了货币贬值危机，再来看看评级下跌对比特币的影响。

大鸟 说到评级下跌，不得不提穆迪对中国做出的信用评级下跌。

2017 年 5 月 24 日，美国信用评级机构穆迪（Moody's）将中国长城资产的信用评级从 Aa3 降至 A1，并将我国前景展望从"稳定"调为"负"。这是 25 年以来，三大评级机构（标准普尔、惠誉国际、穆迪）首次降级我国。

Aa3 和 A1 最大的区别就在于风险，Aa3 表示信用程度较高，资金实力较强，资产质量较好，各项指标先进，经营管理状况良好，经济效益稳定，有较强的清偿与支付能力；A1 则表示资金实力、资产质量一般，各项经济指标处于中上等水平，经济效益不够稳定，清偿与支付能力尚可，受外部经济条件影响，偿债能力产生波动，但无大的风险。

小白 穆迪为什么降低中国信用评级?

大鸟 2015 年，我国的经济增长为 6.7%，2016 年是 6.9%。穆迪认为，这两次增长较 1990 年以来有所降低，这就成为此次调整的重要原因。

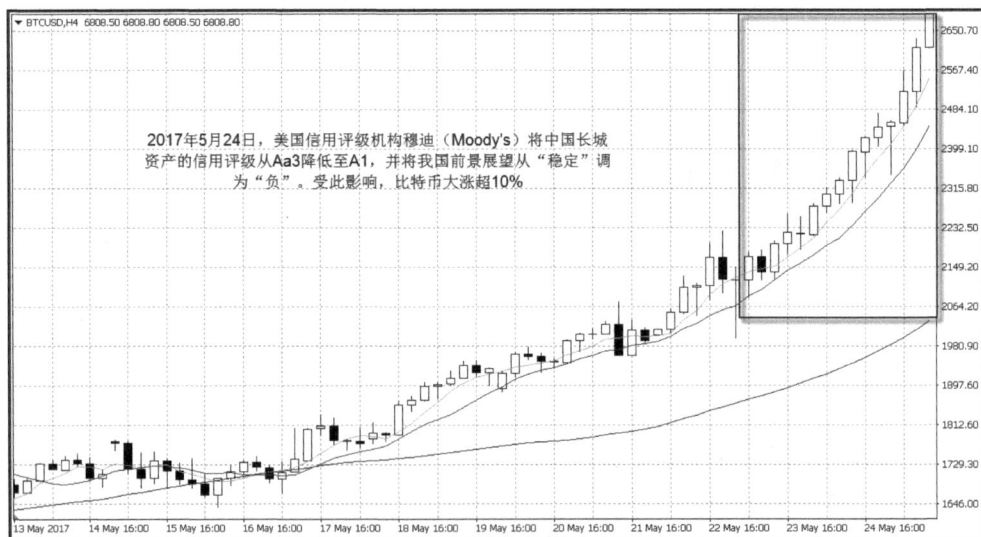

2017年5月24日，美国信用评级机构穆迪（Moody's）将中国长城资产的信用评级从Aa3降低至A1，并将我国前景展望从"稳定"调为"负"。受此影响，比特币大涨超10%

第 13 章 国际大事记对比特币的影响

13.1 地区选举/公投的影响

小白▷地区选举/公投对比特币的影响是怎样的?

大鸟▷现在,世界发生的重大变化都会在第一时间迅速传播。科技和通信领域如闪电般迅速发展,使全世界的人们可以空前地彼此接近,竞争更加激烈。一个离你很远的地方的选举或公投,可能会对比特币市场造成深远的影响。下面我们举两个例子。

13.1.1 英国脱欧事件

小白▷英国脱欧事件的背景到底是什么呢?

大鸟▷2016 年 6 月 23—24 日,英国全民公投决定脱欧,此消息一出,全世界的汇市、股市、期市和金市乱了分寸,整个金融市场陷入剧烈的震荡之中。当一切东西的价值都在混乱中下跌的时候,有 4 样东西的价值却在上涨,那就是美元、日元、黄金和比特币。

小白▷美元上涨容易理解,可不断被安倍经济学放水的日元怎么不跌反涨呢?还有,黄金不是和美元成反相关关系吗?美元涨它应该跌,它怎么也跟着涨起来,而且是暴涨。

大鸟▷2016 年 6 月 24 日,大多数的人都认为,和苏格兰 2014 年 9 月 18 日独立公投结果是还留在英国一样,英国公投的结果也一定会留在欧盟。可"黑天鹅"事件还是发生了,更多的人并没有充分的思想准备,我们也看到了英镑、欧元出现大幅贬值,于是避险的本能让人们或理性或感性地扑向了美元、日元和黄金这些东西。

也许有人会问,日元不是一直在贬值吗,它怎么能避险?没错,日元央行不断放水，2014—2016 年日元贬值 60%。但物极必反，这 3 年日本企业在日元贬值中韬光养晦，休养生息，用增加出口赚到的钱进行技术创新和结构调整，日元未来会逐渐转好。

而黄金和美元在一般情况下成反相关关系，即美元涨黄金跌、美元跌黄金涨。比如，2015 年 7 月 5 日，希腊也有一次公投，1100 万希腊人投票选择是否接受欧盟、欧洲央行、国际货币基金组织等国际债权人提出的新一轮救助条件。当公投结果是不接受，希腊面临脱欧（欧元区）时，欧元也应声下跌，但那一轮黄金却是下跌的，就是因为美元上涨。

小白 可这次黄金为什么暴涨了呢？

大鸟 这次英国脱欧对欧盟的影响远远超出希腊退出欧元区的影响，其国际经济和金融中心的地位也不能同日而语。英国脱欧第一时间打击的是欧元和英镑，当世界两大货币同时受到打击的时候，人们首先想到的是黄金；英国与第三国之间的经贸关系需要重新界定；英国内部的苏格兰、北爱尔兰可能再次举行公投；欧盟本身或有分崩离析的风险。换句话说，全球有避险的需求。

小白 英国脱欧对比特币价格有何影响？

大鸟 欧盟很早就在探索比特币的监管，卢森堡推出了比特币交易牌照，英国也给一些比特币企业发放了电子货币的牌照。欧洲市场对比特币的关注度也非常高，是影响比特币发展的重要因素之一，OKCoin 创始人兼 CEO 徐明星表示，从比特币自身的避险资产性质（类似于黄金）出发，英国脱欧对比特币的价格在短期内会有一定的影响。英国脱欧、首相辞职使得全球玩家的避险情绪上涨，这就导致避险资产的价值升高。

案例：英国脱欧引发比特币短期暴涨

2016 年 6 月 23 日，比特币价格一路下行，随着英国意外宣布脱欧，重新点燃欧债危机忧虑。

黄金、日元、美元、比特币等避险资产需求飙升，比特币盘中最高上探至 668.5 美元，不过后期走势开始缓慢下跌至 612 美元附近。

比特币价格一路下行，随着英国意外宣布脱欧，重新点燃欧债危机忧虑。
黄金、日元、美元、比特币等避险资产需求飙升，盘中最高上探至668.5美元

13.1.2　特朗普当选美国总统事件

小白>特朗普当选美国总统对比特币等数字货币市场到底有何影响?

大鸟>因为之前大家都看好希拉里，特朗普获胜标志着资本主义精英政治遭遇"二战"以来最大危机，近几十年的全球化进程可能出现拐点，"贸易保护"可能继"货币宽松"之后成为各国经济稳定增长的主要手段。贸易保护实际是零和博弈，尽管对本国短期有利，但长期必然是双输或多输，这将加剧全球经济的不稳定性。

回顾英国脱欧，导致英国资产受损、中国资产受益，因为中国可以同时与英国和欧盟加强合作。对于此次美国大选，由于特朗普的政策为"新孤立主义"，美国对全球政治经济的主导权将下降，美国资产将长期受损。

为了避险，大家会把资金投入有避险属性的商品中，而比特币是有避险属性的品种，所以市场分析认为，如果特朗普上台，则比特币会大涨。大选时，在特朗普票数领先的几个小时之内，比特币价格从 692 美元一路飙升到 718 美元。

(小白)可是确认特朗普当选后，为何比特币开始急速下滑呢?

(大鸟)出现下跌的原因是市场开始抛盘，多头头寸开始了结，因为大选结果已出，大家总不能在结果出来后才开始避险大量买入，一定是听到风声后提前买入。英国脱欧那天的行情你要是参与了的话，你会发现，它们的走势一模一样，一开始也是飙涨，等结果出来后下跌（买消息卖事实）。再者，比特币日线级别还是空头趋势，消息面可能会暂时刺激，但最终它还会回到市场本身的趋势。如果势头不对，及时止损，别去扛单。而且，面对大数据要做就提前认定方向开始做，别涨到没谱的时候再去追，这样风险太大，而且怎么做都是亏。做比特币交易，一定要借势，消息面决定技术面，由技术面也能推测消息面。

特朗普当选前几个小时，比特币暴涨，消息公布后急速暴跌

13.2　各国对区块链资产的态度

(小白)各国对区块链资产的态度都一样吗?

(大鸟)显然实际情况是大相径庭的。不管你有没有意识到，比特币已经是一种"国情"符号，正在悄悄缔结新的国际关系，是各国利益的体现。如果从地缘政治的角度去审视，这是一个极其容易被发现的秘密。所以比特币有其地缘学。

小白 地缘学？

大鸟 仔细看看各国对比特币的态度，你会轻易地感受到，目前那些狂热崇拜比特币的国家都是什么样的国家：

曾被美苏冷战拖累的东欧经济小国（如爱沙尼亚和乌克兰）、遭到国际政治舞台排斥的政权（朝鲜）、饱受通胀之苦的非洲大陆（津巴布韦）、经济危机灾难深重的阿根廷和委内瑞拉。比特币扮演着货币救世主的角色。

虽然遭到欧盟强烈反对，但爱沙尼亚是全球第一个计划发起主权 ICO 的国家。乌克兰已经在内阁部长会议上宣布了比特币合法化地位。自 2017 年 5 月开始，朝鲜境内的比特币节点活动呈指数级增长，被认为是政府挖矿行为。长期恶性通胀的津巴布韦尽管网络普及率只有 1%，但已经成立比特币交易所。

小白 那些大国对比特币的态度呢？

大鸟 大国对比特币的态度普遍微妙得多。我们分别从曾经的"英联邦"诸国、德国和北欧诸国、俄罗斯、美国、韩国、日本、中国等进行分析。

13.2.1　曾经的"英联邦"诸国

小白 曾经的"英联邦"诸国态度如何？

大鸟 英国、新加坡、澳大利亚相对友善，从历史沿革也能看出，这几个国家明显构成了数字货币世界的"英系"联盟。

脱欧之后，英国一直在寻找一种新的方式避免被国际社会边缘化，货币是一种最陡峭也最直接的切入口。曾经的"英联邦"如今看来依然局部可靠。

英国未对比特币进行大量监管，也没有要求贯彻反洗钱法原则；监管主体之一的 FCA 对金融科技有沙盒监管制度，可以容错。新加坡金管局明确表示，不对商户接受比特币的行为进行监管干涉。2017 年 7 月，澳大利亚宣布不再对比特币交易重复征税，降低比特币交易税。

13.2.2　德国和北欧诸国

小白 德国和北欧诸国态度如何？

大鸟 德国和北欧几个国家态度最为开放，日耳曼民族似乎集体对比特币表示出欢迎的姿态。

北欧这片冰与火的土地向来是自由主义的阵地，一些去过丹麦、芬兰的人甚至认为它们通过资本主义实现了社会主义，不难想象区块链的强烈乌托邦精神，以及对隐私的捍卫会在这里找到共鸣。

虽然长期贴着保守严谨的性格标签，德国却是第一个承认比特币合法地位的国家。

早在 2013 年，德国就承认了比特币是私人货币，允许用比特币缴税。丹麦金管局曾表示，比特币不会在境内受到监管，比特币和法币的兑换不需要得到政府许可。芬兰央行的报告力赞比特币系统极具革命性，科沃拉市获得 240 万欧元用于测试基于区块链技术的航运。挪威税务局正式取消比特币增值税，其最大的互联网银行开通比特币投资渠道。瑞典国会议员成为第一位只接受比特币募捐的政客。

13.2.3　俄罗斯

小白 俄罗斯的态度如何？

大鸟 俄罗斯对比特币的态度经历了从反对到谨慎支持的改变。目前普京的智囊团明显分成两派，一派更倾向于创造一种超越主权的货币体系来和美元抗衡，另一派则对这种新货币的去中心化后遗症忧心忡忡。

但总体来说，俄罗斯强大的密码学传统，以及相对年轻化的执政官僚体系，还是在一定程度上表达出对数字货币的优待。

2014 年，俄罗斯总检察院曾明确表态禁止境内比特币交易，但 2017 年 4 月，俄罗斯财政部副部长、央行轮番抛出相互矛盾的表态。最新消息是，俄罗斯央行提议将比特币定位于数字商品，对其进行征税。

13.2.4　美国

小白 美国态度如何？

大鸟 俄罗斯最大的政治对手美国，在比特币问题上也是左右摇摆的。

1971 年，布雷顿森林体系破灭，美元撕下了"金本位"这块遮羞布，将整个世界的金融体系打造成了以美元为中心的货币结构。这让全世界的法币实际上都成为美元的信徒。

比特币要想挑战美元的信用货币地位，注定得不到美联储的全力支持。但美国本身是联邦制国家，不同州之间的立法自由度极大，总统又是任期制，导致了巨大的政策博弈成本，所以从已有的政策态度看，美国对比特币大体采取了既拍又揉的手法。

华盛顿州比较严格，2017 年 4 月规定数字货币交易所必须牌照化，并要求独立第三方审核，而特拉华州等州却相对宽松。美国证券交易委员会驳回了两个比特币 ETF 申请，而期货交易委员会则批准合法数字货币交易所及衍生品合约清算所成立。

13.2.5　韩国

小白 韩国态度如何？

大鸟 有 100 万人持有比特币的韩国，采取刚柔兼济的政策，一方面并不打算磨灭在这个市场的竞争力，另一方面也在加强对反洗钱、反非法融资的调查，同时还要防止北面国家的虎视眈眈。

韩国是比特币交易量排名最靠前的国家之一，民间活动相当频繁，但韩国金融服务委员会还是在 2018 年 1 月指出，加大对比特币及数字货币的监管。

案例：2018 年 1 月 16 日，受监管收紧担忧拖累，比特币价格一度大跌 25%

参考消息网 2018 年 1 月 18 日报道，受监管收紧担忧拖累，16 日比特币价格一度大跌 25%，自 2017 年 12 月初以来首次跌破 11000 美元。

据美国《华尔街日报》网站 1 月 17 日报道，2017 年年底，比特币价格大幅上涨，创出新高。彼时交易员们正为芝加哥期权交易所（CBOE）和芝加哥商品交易所（CME）推出比特币期货做准备。在 CBOE 交易的期货合约按计划将自推出以来首次到期，这一过程可能导致比特币价格出现更大波动。

报道称，比特币 16 日的跌势也源于多国政府试图加强对加密货币交易的管控力度，其中包括比特币交易火爆的韩国。中国政府有关部门也下令关闭部分大型比特币挖矿商的业务。

凯投国际宏观经济咨询公司助理经济学家克丽·沃尔什说，这明显让投资者慌乱不安。这是可以理解的，比特币的使用和交易越普及，就越有可能招致更加严格的监管。

沃尔什还表示，任何削弱比特币交易匿名性的机制都可能大幅降低这种加密货币的吸引力。

但CBOE的数据显示，比特币期货交易量持续上升。1月期货合约的未平仓头寸规模较高点下降不到7%，而2月和3月期货合约的交易活动正在升温。

类似16日大跌的剧烈波动对比特币而言并不鲜见，2017年12月16日至22日比特币就曾重挫30%，11月中旬也曾大跌25%。

其他加密货币16日也纷纷下挫，市场份额位居第二的以太币跌幅达23%。

英国加密货币交易公司的数据显示，其他加密货币大幅走低，其中包括瑞波币和比特币现金。

比特币在虚拟货币市场所占份额也有所下降，以太币、瑞波币和莱特币等其他虚拟货币的份额上升。

路透社援引瑞银财富管理全球首席投资官马克·黑费尔的话称，在可能出现的其他虚拟货币的种类没有上限的情况下，比特币的市场份额持续下降，这加大了其价格崩盘的风险。

法国《论坛报》网站1月16日也报道称，最著名的虚拟货币比特币的价格，于17日一度跌破11000美元大关，比前一天大跌23%至10656.46美元。这是2017年12月初以来比特币价格的新低。

所有的虚拟货币都受到了比特币暴跌的影响。据彭博新闻社报道，以太币、瑞波币和比特币现金在17日当天曾分别大跌12.41%、19.16%和15.51%。分析师们认为，比特币的这种走势主要是各国当局对虚拟货币加强管控所致，尤其是韩国和中国。

交易经纪商艾福瑞公司分析师尼尔·威尔逊17日上午评论说："解释比特币的走势一直都很困难，但是这次深跌……可以很好地解释为主要是管控意图强化的迹象所致。"

韩国政府 2018 年 1 月 15 日表示，韩国将禁止虚拟货币交易平台，并称这是司法部酝酿的措施之一。受此影响，2018 年 1 月 16 日比特币价格一度大跌 25%。

2018年1月16日受监管收紧担忧拖累，
比特币价格一度大跌25%

13.2.6　欧盟

案例：欧洲央行"认怂"之后，比特币反弹至 4100 美元

2017 年 9 月 25 日，欧洲央行行长德拉吉明确表态不会禁止比特币，甚至不会对其监管。随后，比特币价格上涨，其他数字货币也集体反弹。

在中国政府一连串的重拳监管之下，比特币的价格曾在 9 月 15 日跌至 2972 美元，不过被中国央行打得灰头土脸的比特币在欧洲又找到了"自信"。

9 月 26 日，比特币价格最高升至 4100 美元，24 小时之内上涨约 3%。

除了比特币，其他数字加密货币也齐齐反弹。根据 coinmarketcap 网站的数据显示，瑞波币 24 小时之内涨幅达到 9.31%，NEO 涨幅高达 22.24%。

此次反弹，比特币最需要感谢的就是欧洲央行行长德拉吉。

德拉吉 9 月 25 日在欧洲议会经济和货币事务委员会上发表讲话：实际上禁止和监管数字货币不在我们的权限内。我们必须先了解它们对经济产生的影响。

德拉吉还补充道，数字加密货币作为一种支付方式还太不成熟。不过他也指出，对于数字货币和数字创新最大的担忧就是网络安全问题。

而 2017 年 9 月，德拉吉还批评过爱沙尼亚 e-Residency 项目发放国家性数字货币 "estcoin" 的行为："没有成员国可以发行自己的货币，欧元区的货币是欧元。"

欧洲央行"认怂"之后，比特币反弹至4100美元

13.2.7　日本

小白 日本的态度是什么呢？

大鸟 种种迹象表明，这个向来对"战略资源"具有强烈储备意愿的岛国，正在加速提升比特币的话语权。日本不仅是东亚对虚拟货币最宽容的国家，也绝对可以登上全球排行榜前列。2017 年 9 月 15 日，中国比特币交易所确认关闭，日本掀起了狂揽比特币的高潮。9 月 19 日，日本比特币交易量占据比特币交易量的半壁江山。

日本政府不断释放出对数字货币的利好态度。据说安倍晋三本人早已参与了爱沙尼亚的数字公民计划。目前全球货币标杆是美元，仅从美联储每次议息会议前后对世界资本市场的冲击，就能说明全球经济其实都在看美元脸色。显然没有人真心愿意将这种状态继续下去——除了美国。

当然，有国家励志于将本国货币加速国际化，以对冲美元的影响，但这只能是贸易超级大国的决策方向。日本选择了另一条道路：可能依靠比特币的"去主权"属性来摸索如何突围美元的"封锁"。"二战"以后，日本虽然是美国最重要的盟友，但其实长期在政治上从属于美国，日元更是受到过美元的残酷绞杀。

20 世纪 80 年代，日本曾经想通过日元国际化抢夺汇率的生杀大权，却在美国一系列的强势干预下功败垂成。

由于比特币的发行完全没有主权银行，所以确实是一种挑战现行美元信用货币体系的存在。可以想象，要想改变国际金融秩序，破除美元垄断地位成为必由之路。比特币恰好提供了一个抓手。这应该不仅是日本的逻辑，"英系"和欧盟国家或许也在打这种算盘。日本本身是一个非常乐于接受新事物的国家，这就好像金融世界的一次明治维新。此外，比特币对于日本经济的挑战恐怕也是最小的，长期处于通缩状态的日本或许顾虑较小，因为比特币带来的经济副作用它已经比较熟悉。

13.2.8　中国

小白 中国对比特币的态度是什么呢？

大鸟 2013 年 12 月 5 日，一直保持缄默的中国人民银行下发通知，称比特币虽被称为"货币"，但由于不是由货币当局发行，不具有法偿性与强制性等货币属性，并不是真正意义的货币。"从性质上看，比特币应当是一种特定的虚拟商品，不具有与货币等同的法律地位，不能且不应作为货币在市场上流通使用。"

中国央行没有取缔比特币，称普通民众在自担风险的前提下拥有参与的自由。不过，它明令禁止金融机构开展比特币业务，还特别强调了相关危险，比如市场操纵、洗钱，以及用于从事犯罪活动等。

中国央行随后还约谈了 10 多家第三方支付公司，要求它们停止所有与虚拟货币有关的交易。不久，中国三家电子交易平台——阿里巴巴（淘宝）、腾讯和百度——相继停止了比特币支付业务。而中国最大的比特币交易所比特币中国也接到央行指示：不得再吸收比特币买家的人民币资金。

中国货币监管当局投出的不信任票，令比特币价格一度暴跌 2/3，并沉寂了长达两年之久。直到 2015 年年底，比特币的交易才逐渐回暖。2016 年，比特币在中国的价格上涨了 145%。

与欧美的情况不同，中国大多数投资者对比特币的兴趣，基本不是被它初创时颠覆以往政府发行"法定货币"的"自由主义理想"所吸引，而是因为它的投机属性。这除了反映出部分投资者好赌的天性，一定程度上也凸显出中国当前缺乏优质投资品种的现状。

而从 2017 年以来的一系列行政命令看，中国监管部门对比特币等虚拟货币的态度依然十分谨慎。虽然这些虚拟货币在商业上提供了发展新兴技术的机会，但监管部门也担心，中国消费者会利用比特币等虚拟货币避开向海外转移资金的严格限制，以及用它们来洗钱。毕竟，比特币的国际交易是用美元计算的，目前的比特币充当着人民币流向境外变成美元的强力中介。

案例：2017 年 1 月 5 日，中国央行约谈火币网等比特币交易平台，比特币随即暴跌

从 2016 年年底开始，整个比特币行情似乎已经进入了一个高速拉升的轨道，一时之间，平台和币民们都开始热血沸腾，就连很多普通人也开始思考究竟要不要"买一波"。

这种违反常理的"暴涨"也引起了央行的注意，2017 年 1 月 5 日即约谈火币网、币行和比特币中国三家比特币交易平台主要负责人，要求他们加强自查、规范运营，例如不得地推、不得刷单等。

更严厉的措施紧随而至。1 月 11 日，央行北京营管部和央行上海总部发布消息，宣布联合地方金融部门组成检查组，进驻火币网、币行等比特币交易平台，就交易平台执行外汇管理、反洗钱等相关金融法律法规、交易场所管理相关规定等情况开展现场检查。

突然而至的监管也在一瞬间给比特币以沉重打击，1 月 5 日比特币价格即从 1140 美元迅速跌落，最低价仅 857 美元，最终收盘 1004 美元。在之后的调整中，比特币价格仍继续回落，最终回落到 790 美元，以 1 月 5 日价 1174 美元计算，比特币只用了一个星期就实现了 48% 的惊人跌幅。

这种大起大落的行情，不禁让人想起了 2013 年 12 月底比特币的那次暴涨暴跌：2013 年 10 月初比特币还在 100 美元上下徘徊，11 月中旬就已经飙升到 500 美元，12 月底更是直接突破 1200 美元来到历史值 1216 美元。

当然，除了价格波动，两者在其他方面也很相似：都有大量新玩家进入；暴跌的最直接原因都是监管介入。

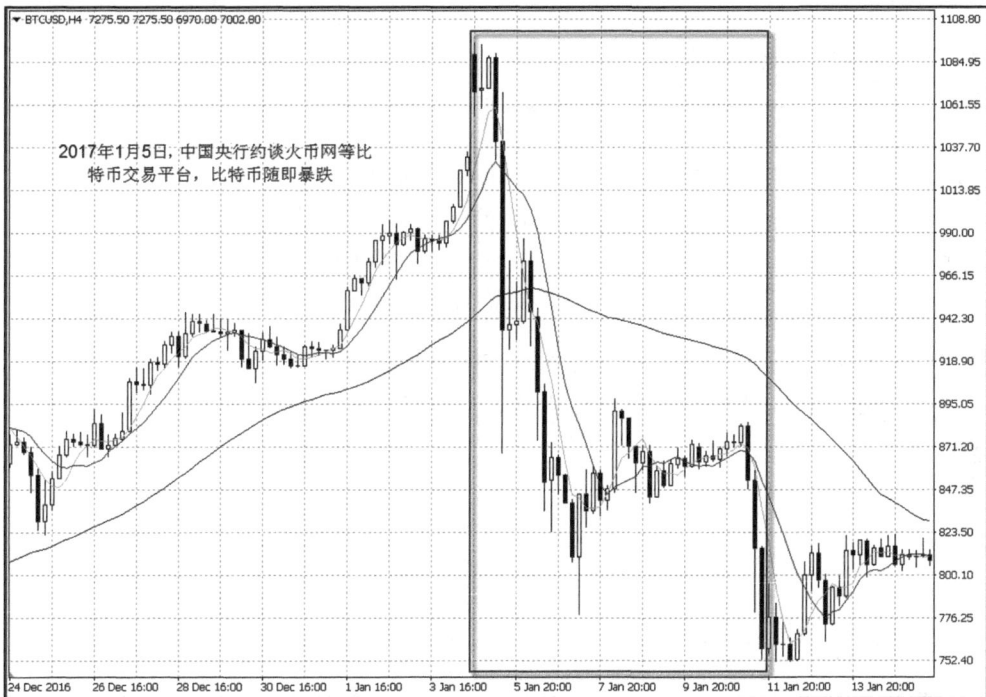

第 5 部分　指标的神奇应用

第 14 章　均线密码

均线的根本在于反映趋势，价格向下并不能说明大趋势向下。但在区块链市场，因为是世界市场，参与的人和机构太多，参与的资金量太大，所以没有任何个人或机构能够压倒其他所有机构和个人，而操纵均线尤其是大周期均线的走向。所以，在区块链市场，均线尤其是大周期均线的走向，绝不是某些主力操纵的结果，而是市场真正的方向。

14.1　均线概念

〔小白〕什么是均线？

〔大鸟〕移动平均线（Moving Average，MA）原本的意思是移动平均，由于我们将其制作成线形，所以一般称之为移动平均线，简称均线。它是将某一段时间的收盘价之和除以该周期，比如日线 MA5 表示 5 天内的收盘价除以 5。

移动平均线是由著名的美国投资专家 Joseph E.Granville（葛兰碧，葛氏）于 20 世纪中期提出来的。均线理论是当今应用最普遍的技术指标之一，帮助交易者确认现有趋势、判断将出现的趋势、发现涨幅（跌幅）过度即将反转的趋势。

〔小白〕同样是 5 日均线，为什么在日线和在 4 小时图中的形态不一样？

〔大鸟〕均线在不同周期中表示不同含义。

例如，在日线图中，5 日均线表示 5 天价格的平均值，10 日均线表示 10 日价格的平均值，这时的 5 日均线和 10 日均线是真正的 5 日均线和 10 日均线。

而在 4 小时图中，5 日均线实际上表示 5 个 4 小时价格的平均值，10 日均线表示的是 10 个 4 小时价格的平均值。

同样，在 5 分钟图中，5 日均线实际上表示 5 个 5 分钟价格的平均值，10 日均线表示 10 个 5 分钟价格的平均值。

14.2 指数平均加权均线

14.2.1 均线与加权平均的区别

[小白]平时都是用 MA 来指导操作吗？

[大鸟]其实有一个更好的参数——EMA（Exponential Moving Average，指数平均数指标），是一种趋向类指标，以指数式递减加权的移动平均。各数值的加权是随时间而指数式递减，越近期的数据加权越重，但较旧的数据也给予了一定程度的加权。

[小白]EMA 在看盘软件里能找到吗？

[大鸟]一般的看盘软件里面都有。以 MT4 软件为例，只要在均线中设置 Exponential 选项即可。

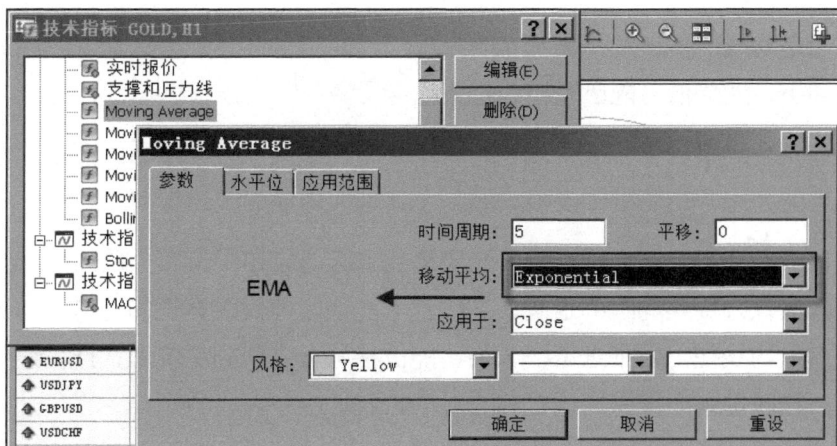

[小白]EMA 和 MA 的区别是什么？

大鸟 EMA 相比 MA，对近期的时间加强了权重，更能及时反映近期的波动情况。EMA 指标由于其计算公式中着重考虑了价格当天（当期）行情的权重，因此指标自身的计算公式决定了作为一类趋势分析指标，它在使用中克服了 MA 指标信号对于价格走势的滞后性。同时也在一定程度上消除了 MA 指标在某些时候对于价格走势所产生的信号提前性，是一个非常有效的分析指标。本书里面的均线默认都是指 EMA。

14.2.2 EMA 的优化

小白 EMA 均线有很多条，我们一般关注哪些指标呢？

大鸟 系统默认的是 5、10、20、60；我略做优化后是 5、10、21、34、55。

小白 为什么你要做优化呢？

大鸟 优化后的数字是按黄金分割排列的，黄金分割的数字在看盘软件中存在一个很神奇的情况，我们后面还会继续介绍。

14.3 均线的作用

小白 如何看待 EMA 为趋势服务呢？

大鸟 均线的根本在于反映趋势。价格向下并不能说明大趋势向下，很可能只是一个小小的调整，或者是某些大资金主力玩的一个把戏。

但若是均线向下，尤其是大周期均线，比如 55 日均线向下，那说明趋势很可能已经向下，大势很可能已经转为空头趋势了。

某些资金雄厚的机构或个人，可以小幅度操纵某个数字货币的涨跌，但它们绝对没有能力违背市场撬动多根均线，尤其是大周期均线的走向。

顺便补充一下，这在股市中不一定适用。因为股市中有实力的庄家或主力，完全可以操纵大周期均线的走向，均线就不能很好地反映真正的趋势了。这时，你若是看见均线往上而跟进做多，很可能价格马上会跌到泥坑里，连均线也跟着往下走。这就是主力操纵均线走向的可怕之处。

但在区块链市场，因为是世界市场，参与的人和机构太多，参与的资金量太大，所以没有任何个人或机构能够压倒其他所有机构和个人，而操纵均线尤其是大周期均线的走向。所以，在区块链市场，均线尤其是大周期均线的走向，绝不是某些主力操纵的结果，而是市场真正的方向与趋势。

14.3.1　"势"的概念

小白》何谓"趋势"。

大鸟》激水之疾，至于漂石者，势也——《孙子·兵法兵势篇》。

原文解释：湍急的流水之所以能漂动大石，是因为使它产生巨大冲击力的势能。

其实，对于《孙子兵法》中提到的"势"，体会最深的就是市场中那些趋势跟踪交易者们。带兵打仗需要借势，投资者进行投资交易同样需要借势，也就是借市场的势，在市场面前要做到顺势而为，如果逆势操作，那么就是在与趋势为敌，与市场为敌，势必会失败。

小白》为什么不说点位为王呢？在我看来，点位也很重要。

大鸟》但趋势比点位更重要。投资界有句名言："趋势为王"。如果趋势做对，即使进场点位不够好照样能赚钱；但如果趋势做反，进场点位再好也很容易亏钱，逆趋势做单就像抢银行，虽然进场、出场点等都计划得很周密，有时也能成功，但成功率太小，冒的风险太大，最后可能得不偿失。

小白》具体怎么理解呢?

大鸟》在空头趋势中，切忌去抓反弹，而应该待其反弹上来后找压力位顺势做空。当价格反弹到某个重要压力位，而且发生 MACD 顶背离的时候，是较好的入场时机。

在多头趋势中，切忌去抓回调，而应该待其回调下来后找支撑位顺势做多。当价格回调到某个重要支撑位，而且发生 MACD 底背离的时候，是较好的入场时机。

小白》趋势不明时怎么办？

大鸟》趋势不明时，离场观望，不做单。

14.3.2　确立趋势

小白 那么如何确立趋势呢？

大鸟 前面说过，最简单的办法就是看日线图中的长期均线走势。当多根均线尤其是长期均线呈空头排列的时候是空头趋势，如果成空头整齐排列则往往是强势空头趋势。

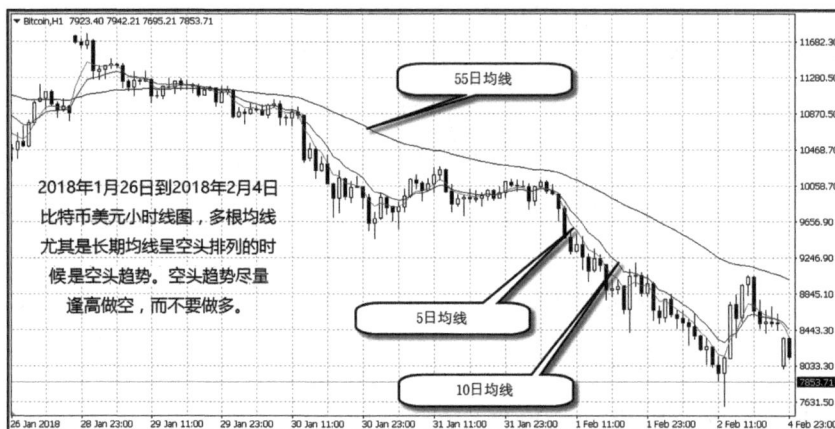

图中标注：
- 55日均线
- 5日均线
- 10日均线
- 2018年1月26日到2018年2月4日比特币美元小时线图，多根均线尤其是长期均线呈空头排列的时候是空头趋势。空头趋势尽量逢高做空，而不要做多。

当多根均线尤其是长期均线呈多头排列的时候是多头趋势，如果呈多头整齐排列往往是强势多头趋势。

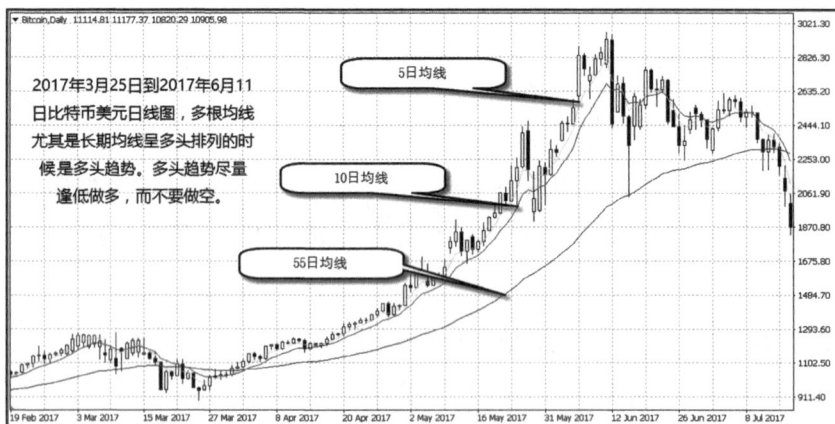

图中标注：
- 5日均线
- 10日均线
- 55日均线
- 2017年3月25日到2017年6月11日比特币美元日线图，多根均线尤其是长期均线呈多头排列的时候是多头趋势。多头趋势尽量逢低做多，而不要做空。

注意：虽然短周期均线（5日均线、10日均线）可能会向下走，但始终无法突破长周期均线55日均线，在这种情况下，我们仍然认为趋势没有改变。

例如市场现在正是上涨趋势，那么面对上涨这个"势"，除了做多，我们只能选择观望，而不应去做空，这也正是"避实就虚"的体现。只有当上涨的趋势走完，上涨势头不如下跌势头时，下跌的"势"成了实，上涨的"势"成了虚，我们才可以借下跌的"势"顺势做空。无论这个下跌的势是掠如火的快速下跌，还是徐如林的下降通道慢跌，投资者在"势"的帮助下都可以轻松做到势如破竹。此外，均线还有以下两个特点：

（1）均线都有压力和支撑作用。

（2）均线总是合久必分，分久必合。

14.3.3　均线的压力与支撑作用

小白 均线的压力和支撑作用是指什么呢?

大鸟 每一根均线都有压力或支撑作用,越长日期的均线压力和支撑作用越大。

在下跌趋势中，价格往往依托 5 日均线和 10 日均线下跌，这两条均线形成很有效的压力。

其余每根均线也都有压力作用，但在强势下跌的时候，主要是 5 日和 10 日均线起压力作用。

反之，在上升趋势中，价格往往依托 5 日均线和 10 日均线上升，这两条均线形成很有效的支撑。

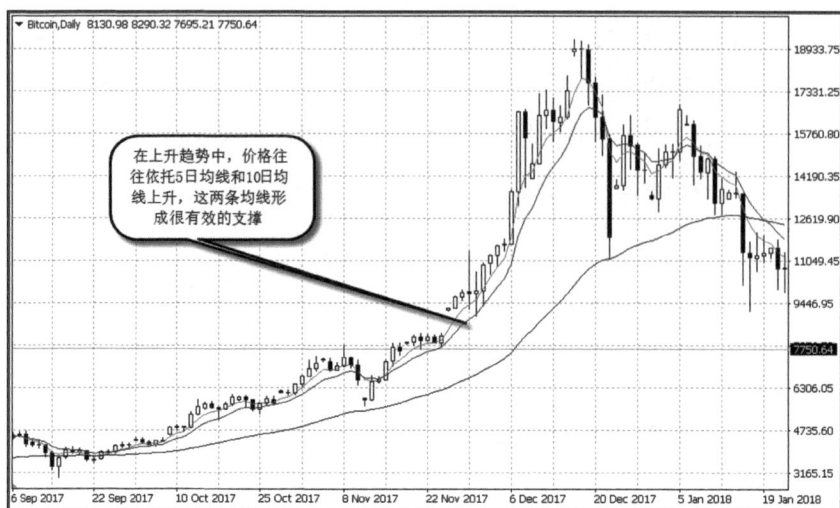

其余每根均线也都有支撑作用，但在强势上升的时候，主要是 5 日和 10 日均线起支撑作用。

14.3.4 合久必分，分久必合

小白 这是要讲《三国演义》了吗？

大鸟 均线与均线之间有一股神奇的力量，当它们互相靠近的时候会产生排斥力，靠得越近、时间越久，排斥力就越大；当它们互相远离的时候会产生吸引力，离得越远、时间越久，吸引力就越大。

当均线互相缠绕在一起或黏合在一起的时候，叫作均线"黏合"，黏合的过程是一个积聚力量的过程。黏合后一旦炸开，就会产生很大的爆发力，会将均线快速散开，价格不是加速上涨就是加速下跌。

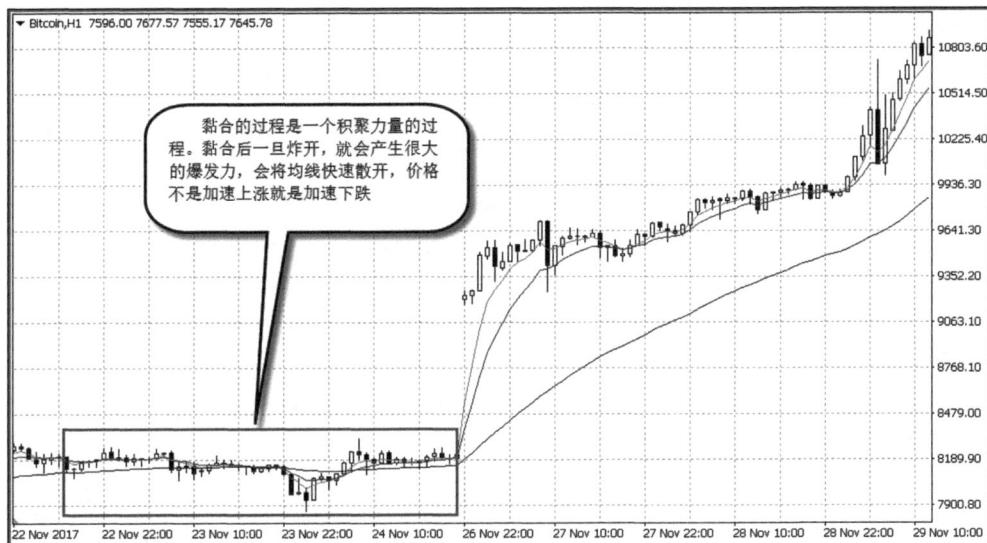

14.4 均线实战：做多技巧

(小白)我们怎么用均线来指导外汇操作呢?

(大鸟)我们先讲一下见底信号的移动平均线，再来讲如何做多。见底信号的移动平均线分为以下 4 种情况。

（1）比特币交叉和银山谷。

（2）金山谷。

（3）首次黏合向上发散形和再次黏合向上发散形。

（4）加速下跌和蛟龙出海。

14.4.1 比特币交叉和银山谷

(小白)比特币交叉和银山谷是指什么呢?

(大鸟)比特币交叉出现在上涨初期，由两根移动平均线组成，一根短周期的均线由下向上穿过一根长周期的均线，并且长周期的均线是向上移动的。

银山谷出现在上涨初期，由 3 根移动平均线交叉组成，形成一个尖头向上的不规则三角形。在银山谷形成过程中，尖头向上的不规则三角形的出现，表明多方力量积聚了相当大的上攻能量，是一个见底信号，也是激进型投资者的买进点。

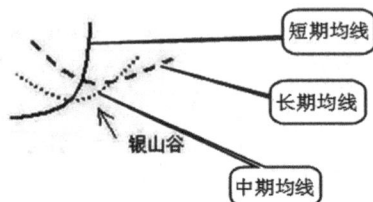

下图显示了 2017 年 11 月 29 日—12 月 7 日的比特币美元小时 K 线图和移动平均线。

比特币美元经过一波下跌之后，在 A 处，一根小阳线同时站上了 5 日和 10 日均线，并且 5 日均线上穿 10 日均线，出现第一个黄金交叉，由于价格还没站上 55 日均线，并且 55 日均线仍在下行，所以这里不建议做多，如果做也只能是轻仓抄底。

接着价格开始不断小阳线上涨，在 B 处，5 日均线上穿 55 日均线，出现第二个黄金交叉，这是看涨信号，前期多单持有，继续逢低做多，即当价格回调到 5 日均线附近时就可以进场做多。

随后，10 日均线上穿 55 日均线，出现第三个黄金交叉，均线仍看涨，多单继续持有，并且前期的多单都由短线变成了中线单子，只需沿着 5 日均线止赢即可。

由 A、B 和 C 点组成的尖头向上的不规则三角形叫银山谷，是一个见底信号，投资者见此信号后可以适量买入做多。

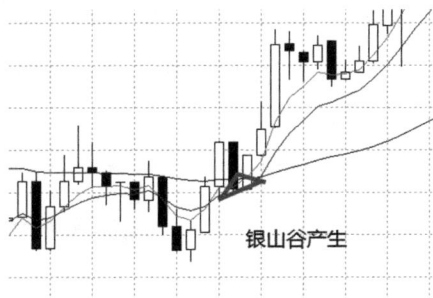

这样均线就开始变成多头排列，即价格由前期的震荡下跌变成了震荡上涨，所以采取逢低做多的策略寻找做多信号。

价格连续上涨几个交易日后开始震荡，震荡几天后再度阴线下跌。需要注意的是，价格虽然跌破了 10 日均线，但随后价格又收到 10 日均线之上，并且在 D 处重新站在 5 日和 10 日均线之上，这意味着调整结束再度开始新的一波上涨行情。

由于 55 日均线方向向上，并且价格在 55 日均线上方运行，所以做多仍是中线思维，而做空是短线思维。

14.4.2 金山谷

小白 金山谷是什么样子的呢？

大鸟 金山谷一定出现在银山谷之后，并且金山谷的不规则尖头向上三角形与银山谷是相同的，金山谷可处于与银山谷相近的位置，也可高于银山谷。金山谷的图形如下。

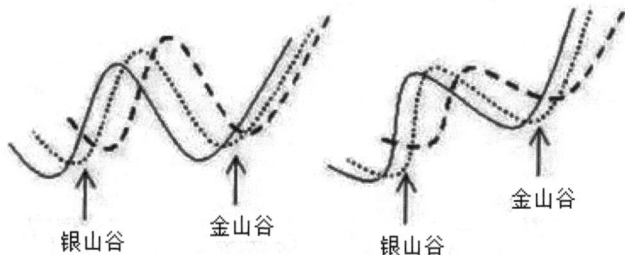

从技术上来说，金山谷买入信号的可靠性要比银山谷强，因为金山谷是对银山谷做多信号的再一次确认，即多方力量集聚更加充分了，这时买入风险较小。金山谷与银山谷相隔时间越长，所处位置越高，则比特币价格上升潜力越大。

下图显示了 2017 年 12 月 28 日至 2018 年 1 月 5 日的比特币美元小时 K 线图和移动平均线。

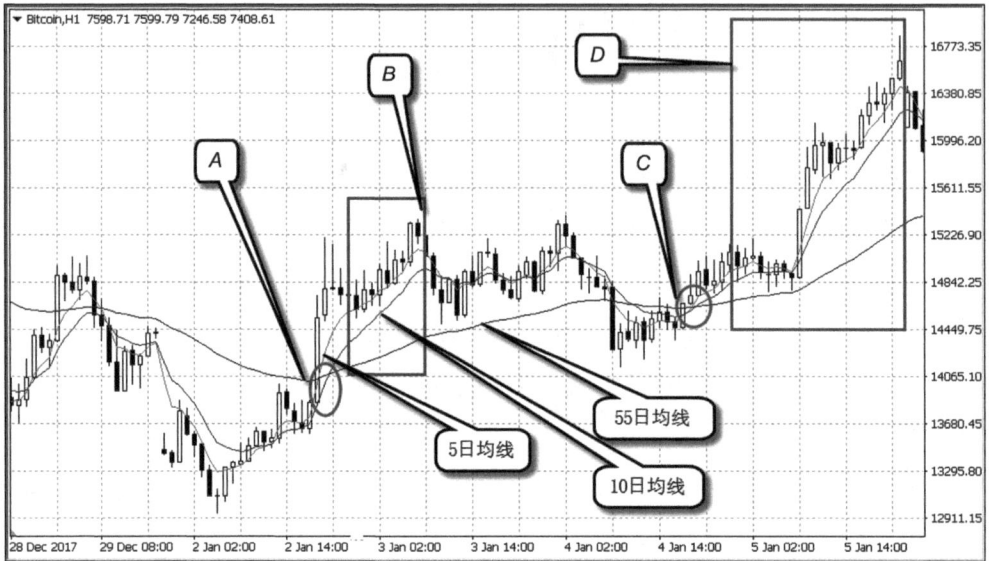

比特币美元经过一波下跌之后先创出低点，但创出低点这一天，价格收了一个十字星线，随后价格震荡上涨，然后价格继续大阳线上涨，随着价格不断上涨，5 日均线上穿 10 日和 55 日均线，然后 10 日均线上穿 55 日均线，这样就形成了银山谷，即 A 处，这是一个看多信号，前期低位多单持有，继续逢低做多。

银山谷出现后价格继续震荡上涨，即 B 处，多单仍可以继续持有，并且每当价格回调到 5 日或 10 日均线附近时都可以继续做多。

经过多个交易日的上涨之后开始出现了深调，再经过多个交易日的调整后开始低位震荡，然后经过若干次震荡之后一根中阳线拉起，同时站上了 5 日和 10 日均线。随着价格不断上涨，5 日均线上穿 10 日和 55 日均线，随后 10 日均线上穿 55 日均线，在 C 处均线形成了金山谷。

金山谷是看多信号，并且其看多信号比银山谷还要强，随后价格形成了多头排列，波段多单沿着均线耐心持有，没有多单的继续沿着均线看多做多，即 D 处。

14.4.3　首次黏合向上发散形和再次黏合向上发散形

小白 首次黏合向上发散形和再次黏合向上发散形是什么样子呢?

大鸟 首次黏合向上发散形可以出现在下跌后横盘末期，也可以出现在上涨后横盘末期，几根黏合在一起的均线同时以喷射状向上发散。首次黏合向上发散形的图形如下所示。

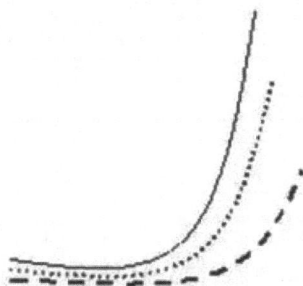

在首次黏合向上发散形中，黏合时间越长向上发散的力度越大，而且在黏合向上发散初期买进风险小，越到后面风险越大。还有一点要注意，当均线发散时，距离越大回调风险越大，例如 5 日均线与 55 日均线距离大，一般都会回调。

再次黏合向上发散形即第二次黏合向上发散形，少数情况下也有第三次、第四次，它们的技术特征是相同的，图形如下所示。

首次黏合向上发散形的出现说明第一次向上发散，是过去积弱太久或主力故意打压，经过调整后多方又发动一次进攻，即再次发散，这是投资者买入的机会，而且成功的机会将很大。

下图显示了 2017 年 6 月 14 日—12 月 1 日比特币美元日 K 线图和移动平均线。

比特币美元经过一波下跌之后，2017 年 7 月 16 日创出 1824 美元低点，然后反弹再调整，并且在 A 处均线出现了黏合，随后价格上涨，均线开始向上发散，这是明显的看多信号，如果手中没有多单要敢于沿着均线做多。随后价格不断上涨出现了调整，在 B 处价格再度出现黏合向上发散，这是新的买入信号，投资者要敢于再次进场做多。

14.4.4　加速下跌和蛟龙出海

小白 加速下跌是什么情况呢？

大鸟 加速下跌出现在下跌后期，在加速下跌之前，均线系统缓慢或匀速下跌；在加速下跌时，短期均线和中期、长期均线的距离越拉越大，加速下跌的图形如下图所示。

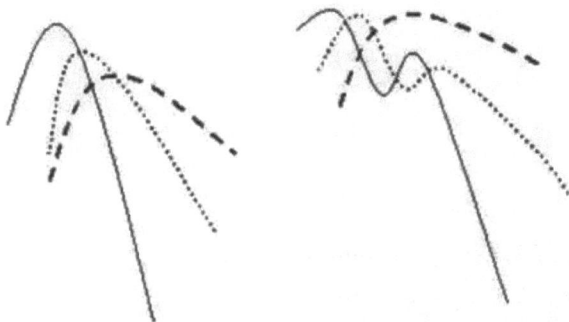

从技术上来说，加速下跌形是一种止跌见底信号，表示价格的下跌能量一下子得到较充分的释放，因而出现止跌现象，投资者见此图形就不要盲目做空了，

等均线系统走好后可轻仓买入。

小白 蛟龙出海又是什么样子的呢？

大鸟 蛟龙出海的意思是像一条久卧海中的长龙，一下子冲天而起。其特征是拉出大阳线，把短期、中期、长期的几根均线全部吞吃，图形如下图所示。

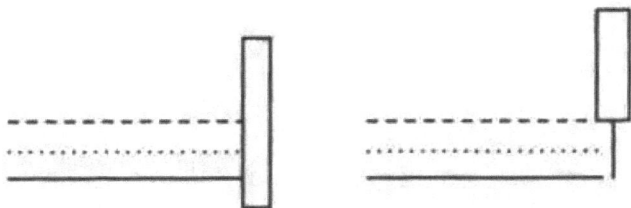

蛟龙出海是明显的见底信号，投资者可以轻仓买进，但是最好在拉出大阳线后多观察一下，如果重心上移，则可再加码追进。

下图显示了 2017 年 12 月 27 日—2018 年 1 月 5 日，比特币美元 4 小时 K 线图和移动平均线。

在 B 处均线由黏合开始向下发散，并且出现了加速下跌，外汇一根大阴线跌破了 5 日、10 日和 55 日均线后，价格开始沿着均线快速下跌，随着价格不断下跌，均线出现加速下跌形，这时空单要注意保护盈利，特别是短线空单。

随着价格下跌创出新低，紧接着出现十字线，这是一个见底 K 线，接着价格没有再创新低，而是开始不停震荡，并逐渐站上了 5 日和 10 日均线，均线开始黏合并持续震荡盘底，在这个过程中，低点越来越高，并一度突破 55 日均线，不过又被打压下来，直到在 A 处，一根中阳线同时站上了 5 日、10 日和 55 日均线，即出现了蛟龙出海，这是明显的看多信号，要敢于进场做多。

随后价格开始沿着 5 日均线上涨，并形成多头排列，这表明调整结束，新的上涨波段正式开始，果断介入多单。如果出现不好的 K 线，只需谨慎，仍可以沿着 5 日均线持有多单。当然在价格上涨过程中，可以继续逢低做多。

14.5　均线实战：做空技巧

小白 上一节我们讲了见底信号的均线，现在讲一下见顶信号的移动平均线，来看看如何做空。

大鸟 见顶信号的移动平均线做空分为以下 3 种情况：

（1）死亡交叉和死亡谷。

（2）首次黏合向下发散形和再次黏合向下发散形。

（3）加速上涨和断头铡刀。

14.5.1　死亡交叉和死亡谷

小白 死亡交叉和死亡谷是什么样的呢？

大鸟 死亡交叉出现在下跌初期，由两根移动平均线组成，一根时间短的均线由上向下穿过一根时间长的均线，并且是时间长的均线向下移动。价格经过大幅上涨后出现死亡交叉，这就是一个明显的见顶信号，投资者可以积极做空，如果在周 K 线或月 K 线中出现死亡交叉，见顶信号就更明显，并且会有一段较大的跌幅，投资者轻仓做空为妙。

死亡谷出现在下跌初期，由 3 根移动平均线交叉组成，形成一个尖头向下的不规则三角形，图形如下图所示。

死亡谷

在死亡谷形成过程中，尖头向下的不规则三角形的出现，表明空方力量积聚了相当大的杀跌能量，是一个见顶信号，投资者见此信号还是以做空为主，死亡谷见顶信号要比死亡交叉强。

下图显示了 2017 年 12 月 19—26 日的标准比特币小时 K 线图和移动平均线。

标准比特币经过一波上涨之后达到了高点，在这里需注意的是，最后这一波上涨，价格虽然创出了新高，但在创出新高这一天收了一根带有上影线的阴线，这表明上方有较大的压力，然后价格不断震荡下跌，随后 5 日均线下穿 10 日均线，形成了第一个死亡交叉。这对多头很不利，如果多单还没有离场，要特别小心；如果在高位做了空单，就可以沿着 5 日或 10 日均线耐心持有，只要有足够的耐心，后市会给你丰厚的投资回报。

随后价格继续震荡下跌，5 日均线下穿 55 日均线，形成了第二个死亡交叉，然后 10 日均线下穿 55 日均线，形成了第三个死亡交叉，死亡谷出现了（A 处），均线开始形成空头排列，行情正式进入空头行情。如果这时手中还有多单，一定要及时出局；如果手中还没有空单，要及时果断介入空单，因为真正的下跌就要开始了。

从其后走势看，均线形成死亡谷后价格连续下跌，连续多个交易日收阴，然后价格开始横盘整理，这时空单获利丰厚，由于这一波是沿着 10 日均线下跌的，所以当价格站上 10 日均线之时，空单一定要及时获利了结，不能太贪婪。

价格站上了 10 日均线之后，出现了一波反弹，这里不建议做反弹，因为当前毕竟 55 日均线下行，是明显的空头行情。

从其后走势看，价格沿着 5 日均线反弹后不久，就在高位收阴线开始下跌，5 日均线下穿 10 日均线，又出现死亡交叉（B 处），均线开始形成空头排列，高位空单可以耐心持有，并且可以继续沿着 5 日均线做空。

随后价格沿着 5 日均线连续下跌十几个交易日后再度出现反弹，这一次反弹是以横盘整理的方式进行的，即反弹很弱，代表下方仍有下跌空间，所以继续寻找信号做空。

14.5.2　首次黏合向下发散形和再次黏合向下发散形

小白 首次黏合向下发散形和再次黏合向下发散形是什么样子的呢？

大鸟 空头排列出现在跌势中，由 3 根移动平均线组成，最上面一根是长期均线，中间一根是中期均线，最下面一根是短期均线，并且 3 根均线呈下圆弧状。空头排列是一个广义概念，后面所讲的首次黏合向下发散形、首次交叉向下发散形、下山滑坡形和逐浪下降形都属于它的范畴。在空头排列的初期和中期以做空为主，在后期就应该谨慎做空。首次黏合向下发散形可以出现在上涨后横盘末期，也可以出现在下跌后横盘末期，几根黏合在一起的均线同时以喷射状向下发散。

在首次黏合向下发散形中，黏合时间越长向下发散的力度越大，还要注意在向下发散时均线是否整齐排列。

再次黏合向下发散形即第二次黏合向下发散形，少数情况下也有第三次、第四次黏合向下发散形，它们的技术特征是相同的。

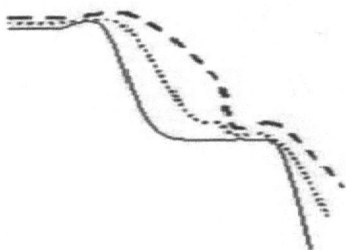

下图显示了莱特币美元 2018 年 1 月 2 日—2 月 5 日 4 小时 K 线图和移动平均线。

莱特币美元经过一波上涨之后创出 276.25 高点，注意创出这个高点的同时，K 线收三只乌鸦，然后下跌开始，经过调整，在 A 处均线出现了黏合，随后价格继续下跌，均线开始向下发散，这是明显的看空信号，如果手中没有空单，要敢于沿着均线做空。

价格连续下跌，连续多个交易日收阴，然后开始横盘整理，这时空单获利丰厚，由于这一波是沿着 10 日均线下跌的，所以当价格站上 10 日均线之时，空单一定要及时获利了结，不能太贪婪。

价格站上了 10 日均线之后，出现了一波微弱的反弹，这里不建议做反弹，因为当前毕竟 55 日均线下行，是明显的空头行情。

随后 K 线震荡上涨，在 B 处价格再度出现黏合后向下发散，这是新的做空信号，投资者要敢于再次进场做空。随后价格沿着 5 日均线连续下跌十几个交易日，直到新的横盘整理开始，这时可以获利出局。

14.5.3　加速上涨和断头铡刀

小白 加速上涨是什么情况呢？

大鸟 加速上涨出现在上涨后期，在加速上涨之前，均线系统缓慢或匀速上涨；在加速上涨时，短期均线和中期、长期均线的距离越拉越大。加速上涨的图形如下图所示。

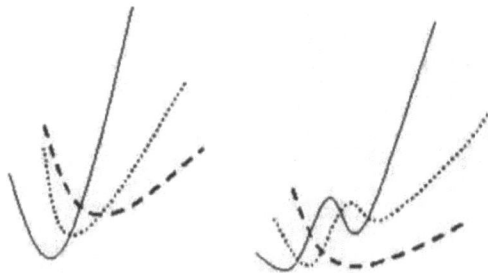

从技术上来说，加速上涨是一种止涨见顶信号，表示价格的上涨能量一下子得到较充分的释放，因而出现止涨现象，投资者见此图形就不要再盲目做多了，等均线系统走好后可轻仓做空。

小白 断头铡刀是什么样子的呢？

大鸟 断头铡刀出现在上涨后期或高位盘整期，一根大阴线如一把刀，一下子把短期、中期和长期均线切断，收盘价收在所有短期、中期、长期均线下方。所以短线客见此信号应抛空离场，中长线者应密切关注 60 日均线和 120 日均线，如果这两个均线也走破，就应立即止损离场。图形如下图所示。

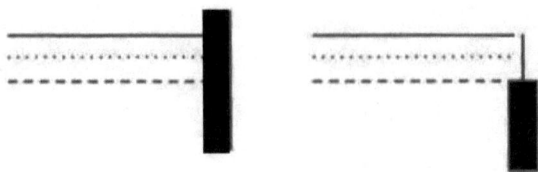

　　断头铡刀是一个明显的见顶信号，一般都会引起一轮大的跌势，对多方造成很大的伤害，投资者可以轻仓做空。

　　下图显示了 2017 年 6 月 2—26 日，以太币美元 4 小时 K 线图和移动平均线。

　　在 B 处，均线由黏合开始向上发散，并且均线出现了加速上涨形，价格开始沿着均线快速上涨，随着价格不断上涨均线出现加速上涨形，这时多单要注意保护盈利，特别是短线多单。

　　价格上涨创出新高后没有再创新高，K 线形成 M 顶（此为明显做空信号），然后价格均线开始黏合并持续震荡，在这个过程中，价格震荡下跌，在 A 处一根中阴线同时跌破上了 5 日、10 日和 55 日均线，即出现了断头铡刀，同时 5 日、10 日、55 日均线由下到上整齐排列，这是明显的看空信号，要敢于进场做空。

　　随后价格开始沿着 5 日均线下跌，并形成空头排列，这表明调整结束，新的下跌波段正式开始，果断介入空单。如果出现不好的 K 线，只需谨慎，仍可以沿着 5 日均线持有空单。当然，在价格下跌过程中可以继续逢高做空。

第 15 章　K 线玄机

世界上有很多不平凡的东西，往往看起来很简单、很普通。正所谓"大巧若拙"！现在，人们对 K 线的认识可能还只是冰山一角，还有很多未知的内容等着人们去挖掘。如果我们仔细研究 K 线，就会慢慢发现它的魅力。

小白 ▶ 我听说 K 线被称为"指标之王"？

大鸟 ▶ K 线起源于日本，最初为日本米市的商人用来记录米市的行情与价格波动，后来被引入股票和期货市场且获得巨大成功，在美国人史蒂夫·尼森出版《日本蜡烛图技术》一书后，K 线理论更是风行世界，成为投资者必修功课。

小白 ▶ K 线有什么特点呢？

大鸟 ▶ K 线有直观、立体感强、携带信息量大的特点，蕴含着丰富的东方哲学思想，能充分显示股价趋势的强弱、买卖双方力量的平衡变化，预测后市走向较准确，是各类传播媒体、电脑实时分析系统应用较多的技术分析手段。

小白 ▶ 为什么这些 K 线形态具有特殊的含义呢？

大鸟 ▶ 因为 K 线是由阴线和阳线组成的，阴线代表做空的力量，阳线代表做多的力量，两种力量的博弈造成了价格的涨跌。而这些 K 线的各种组合形态代表了多空双方谁占据优势，据此我们就可判断行情的走势。

小白 ▶ 各种 K 线形态是怎么被发现的？

大鸟 ▶ 从大量 K 线图形中统计出来的。

小白 ▶ K 线这个指标有多大用处？这个指标似乎太普通了一点。

大鸟 ▶ 这个问题问得好。毋庸置疑，K 线被誉为"指标之王"不是浪得虚名。很多顶尖高手的软件中只有一个指标——K 线，叫作"裸 K"，这是技术分析的高级境界。他们只要看看 K 线，就能准确地判断出未来的行情，让我们这些到处寻找指标的人无地自容、目瞪口呆。

不过，"裸 K"这种境界我也还未达到，初学者更不要企图去尝试，要先学会走路，再学奔跑。等我们学通很多指标后再来仔细研究 K 线，对 K 线的理解就会加深很多，甚至会有许多新的理解，你若有天赋，定能达到"裸 K"的境界。

小白 看来 K 线这种最普通的指标其实最是博大精深。

大鸟 世界上有很多不平凡的东西，往往看起来很简单、很普通。正所谓"大巧若拙"！现在，人们对 K 线的认识可能还只是冰山一角，还有很多未知的东西等着人们去挖掘。如果我们仔细研究 K 线，就会慢慢发现它的魅力。

小白 对于 K 线的介绍有什么经典的书籍吗？

大鸟 关于 K 线前人已经写了很多著作，并且有许多优秀的、经典的著作。我推荐两本书：一本是美国人写的《日本蜡烛图技术》，另一本是中国人写的《股市操练大全》。这两本书都堪称经典，都值得反复阅读，每次读完都会有新的体会，建议各读 10 遍以上。

小白 一下子要读两本书很困难，有没有速成的方法呢？

大鸟 有！如果想速成，建议先着重掌握反转形态，它意味着趋势很可能会反转。

小白 反转形态？

大鸟 是的。反转形态包括两种：一种是少数 K 线组成的反转形态，另一种是多数 K 线组成的反转形态。

15.1　少数 K 线组成的反转形态

小白 少数 K 线组成的反转形态都有哪些呢？

大鸟 下面这些 K 线形态都意味着趋势很可能会反转，并且都是经典形态中的经典。

锤子线、射击之星、吊颈线、大阳线、大阴线、十字星、黄昏之星、早晨之星、看跌吞没（穿头破脚的一种，阴包阳）、看涨吞没（穿头破脚的一种，阳包阴）、平底、平顶、下降三部曲、上升三部曲、乌云盖顶、倾盆大雨、曙光初现、旭日东升等形态。

15.1.1　锤子线

小白 锤子线是什么样的呢？

大鸟 锤子线的形状如下图所示。

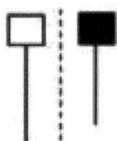

小白 如何确认锤子线呢？

大鸟 锤子线的确认要注意以下几点：

（1）阴线、阳线皆可，但如果锤子线的实体是白色的阳线，其看涨的意义更坚挺几分。

（2）K线实体处于图形的上端。没有上影线，或者上影线极短。下影线极长，最少要达到实体长度的两倍，越长越好。

（3）在锤子线之前，必定先有一段下降趋势（哪怕是较小规模的下降趋势），这样锤子线才能够逆转这个趋势。

（4）如果在锤子线之后出现一根收盘价高于锤子线的阳线，可以加强其可靠性。

如果满足以上所有条件，那么在下降趋势中，锤子线的出现意味着下降趋势将停顿（下降转为横盘），或者可能产生反转。

小白 它的技术意义是什么呢？

大鸟 行情处于一个下降趋势中，数字货币价格一连几天收了阴线，当天开盘的时候，投资者疯狂卖出，当市场空头力量即将殆尽的时候，投资者纷纷结利出场。投资者的获利了结，导致数字货币价格反弹，由最低价回到了最高价或接近最高价的位置，这个时候如果收盘价高于开盘价，收出了一根阳线，而且下影线又是实体的3倍以上，长长的下影线一般代表多方的反击，等待多头的投资者认为这是最佳的入场机会，而且也是投资者不敢做空的位置。第二天数字货币价格继续高走，收盘价高于前一天的收盘价，这样锤子线反转的市场含义就得到了证实。在这种情况下，一般数字货币价格都会马上止跌回升的。

案例：2017 年 12 月 19—26 日，比特币美元
小时 K 线图和移动平均线

　　2017 年 12 月 19 日比特币美元小时 K 线连续下跌，22 日出现了一个清晰的锤子线（几乎没有上影线，下影线的长度是主体线的 4 倍以上）。锤子线出现意味着跌势到底，价格随即上涨，紧接着 5 日、10 日均线上破 55 日均线，说明涨势确定，之后价格继续上扬。

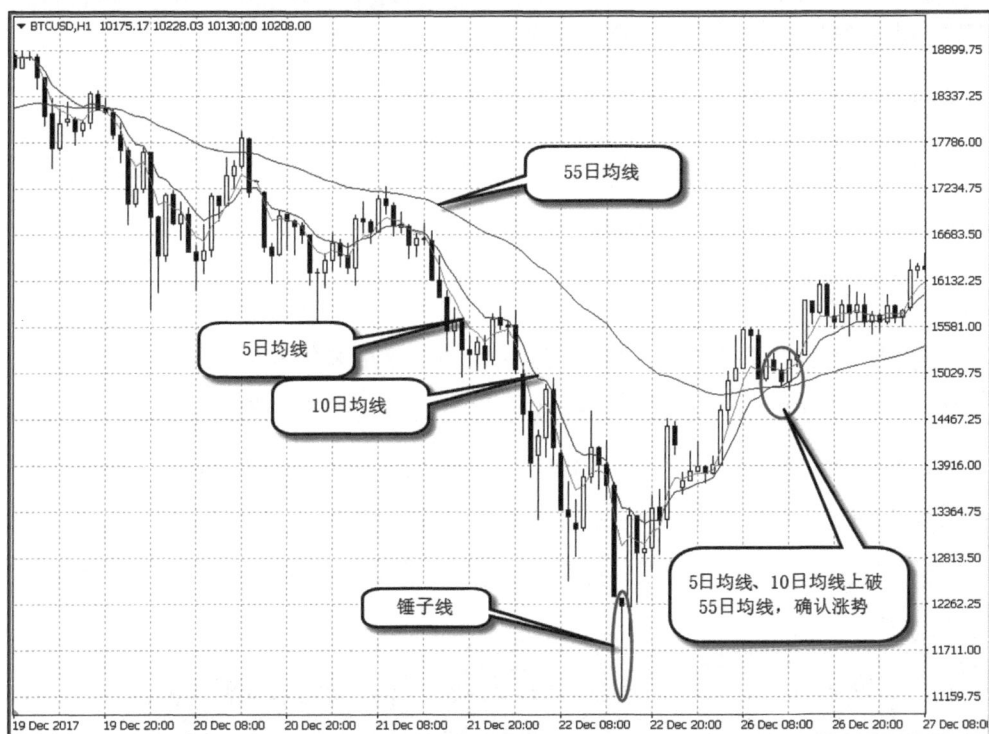

15.1.2　射击之星（流星）

小白 射击之星是什么样的呢？

大鸟 射击之星的形状如下图所示。

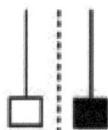

小白 如何确认射击之星呢？

大鸟 射击之星又称为"倒转锤头"，仿如枪的准头，是以有此称谓。射击之星有以下 4 个特点：

（1）出现在上涨途中。

（2）阳线（亦可以是阴线）实体很小，上影线的长度大于或等于实体的两倍。实体与上影线比例越悬殊越有参考价值。

（3）一般无下影线，少数会略有一点下影线。

（4）需要注意的是，在理想的射击之星形态中，射击之星线的实体与前一根蜡烛线的实体之间存在价格跳空。

小白 它的市场意义是什么？

大鸟 射击之星是针对一根 K 线而言的，这根 K 线实体部分较短，并且是在整根 K 线的底部，在实体上方通常带有较长的上影线。因其形状似一支离弦之箭直刺青云，故而又被称为"流星线"。流星线是市场失去上升动能的表现，也是主力出货的常见形态。长长的上影线意味着多方被空方逼退回开盘价，即全天最低价附近，在一轮上涨行情中出现此形态说明数字货币价格已穷途末路，涨不动了。

案例：2017 年 12 月 22 日到 2018 年 1 月 2 日，比特币美元
小时 K 线图和移动平均线

比特币美元价格从 2017 年 12 月 22 日开始上涨，几天后涨到高点 16460.51 左右，此时出现了射击之星形态，说明上涨动力不足，有人做空比特币美元价格。在此之后，比特币美元价格一路下行，5 日、10 日均线黏合一段时间后分别下破 55 日均线，确定跌势，价格受 55 日均线压制一路下行。

15.1.3　启明星（早晨之星）

小白 启明星是什么样的呢？

大鸟 启明星的形状如下图所示。

小白 如何确认启明星呢？

大鸟 启明星形态属于底部反转形态，预示着价格上涨，就像启明星（水星）预示太阳升起一样，也叫"晨星"或"早晨之星"。启明星组合出现在下跌趋势中，由三根 K 线构成：首先是一根顺势的阴线，然后是一根实体向下的跳空十字星，最后是实体向上跳空的阳线。

〔小白〕启明星的特点是什么呢？

〔大鸟〕启明星的标准特征如下。

（1）启明星的走势意味着下跌行情的结束，市场开始见底反弹，所以第一根线必须是阴线，承接前势。

（2）中间的线是实体非常小的K线，既可以是阳线也可以是阴线，当然也包括十字星线。如果中间这根K线为十字星，也就是当天开盘价与收盘价一样，见底信号十分明显。

（3）第三根线必须是阳线，表明上升行情开始。

〔小白〕它的市场含义是什么？

〔大鸟〕在启明星形态中，当第一根阴线出现时，因为它本身就处于市场下降趋势中，空方的动能还是处在上风，主导着市场的下跌趋势。当后面出现了一根小小的实体K线时，显示空方向下打压数字货币价格的动能已经不足了，与多方力量形成了对抗。接着出现了一根向上坚挺的阳线，并上穿到空方力量强劲时的第一根阴线实体内，这说明在空方力量消退时多方力量已经成长起来，而且进行了大反攻。此消彼长，底部反转的形态产生。

在启明星形态中，理想的形态是第三根阳线相对于中间的星线也出现了向上的跳空，不过这种现象比较少见。但其实没有形成最理想的启明星形态也不会影响启明星底部形态的反转信息的强大作用。

案例：2017年11月8日—12月4日，比特币美元
4小时K线图和移动平均线

2017年11月8日，比特币美元由高点7878一路下跌到13日的5636.84左右，此时出现了早晨之星形态，说明下跌动力不足，有人逢低抄底。在此之后比特币美元价格一路上扬，5日、10日均线分别上穿55日均线，确定涨势，比特币美元价格一路上行。

15.1.4 黄昏之星

(小白) 黄昏之星是什么样的呢？

(大鸟) 黄昏之星的形状如下图所示。

(小白) 它的形状正好是启明星的反转。如何确认黄昏之星呢？

(大鸟) 黄昏之星，顾名思义，就是接近"黄昏"了。黄昏之星的出现表示数字货币价格回落，是卖出信号。第一天股价继续上升，拉出一根阳线；第二天波动较小，形成一根小阳线或小阴线，构成星的主体部分；第三天形成一根包容第二天并延伸至第一天的阳线实体。

**案例：2017 年 12 月 26 日到 2018 年 1 月 24 日，比特币美元
4 小时 K 线图和移动平均线**

比特币美元价格从 2017 年 12 月 28 日开始上涨，到 2018 年 1 月 4 日达到高点 16800 左右，此时出现了黄昏之星形态，说明上涨动力不足，有人做空比特币美元。在此之后比特币美元价格一路震荡下行，5 日、10 日均线黏合一段时间后分别下破 55 日均线，确定跌势，之后比特币美元价格一路下行，最低值指向 9330 点左右。

15.1.5 倾盆大雨

小白 倾盆大雨是什么样子的呢？

大鸟 倾盆大雨形态如下图所示。

倾盆大雨形态由两根 K 线组成，一般出现在上升趋势之后，有时也可能出现在水平调整区间的顶部。倾盆大雨经常发生在一段上升行情的顶部，由一阴一阳两根 K 线组成，是一个看跌反转信号。

小白▷第一根 K 线是阳线，第二根 K 线是阴线，对吧？

大鸟▶第一根 K 线为中阳线或大阳线。第二根 K 线为低开低收的中阴线或大阴线，收盘价比前一根阳线开盘价要低。

小白▷这个形态代表什么呢？

大鸟▶当出现这种 K 线组合时，形势对多方极为不利，关键在于低开低收的阴线使多方信心受到打击。低开说明人们已不敢追高，而想低价割肉的投资者却大有人在；低收更加反映了市场看空后市的大众心理。

小白▷看跌反转吗？

大鸟▶是的。倾盆大雨是一个非常重要且较为常见的看跌反转信号，经常发生在一个超长期的上升趋势中，可能意味着很多新买家终于下定决心入市，踏上牛市的"船"。随后，市场却发生了抛售的行情，很可能用不了多久，这群新多头就会认识到市场已转为空头行情，他们已被挂在相对高点。长阴线意味着市场价格上升动力耗尽，买方策划的最后一番上攻失利，卖方已控制大局。

案例：2018 年 1 月 10—17 日，以太币美元
小时 K 线图和移动平均线

2018 年 1 月 11 日，多小时线连续上涨后在 15 日出现倾盆大雨，紧接着（16 日）5 日、10 日均线纷纷下破 55 日均线，后市大跌。而且，5 日、10 日均线始终无法上破 55 日均线，并再次整齐排列，预示后市仍然是下跌行情。后市果然继续下跌。

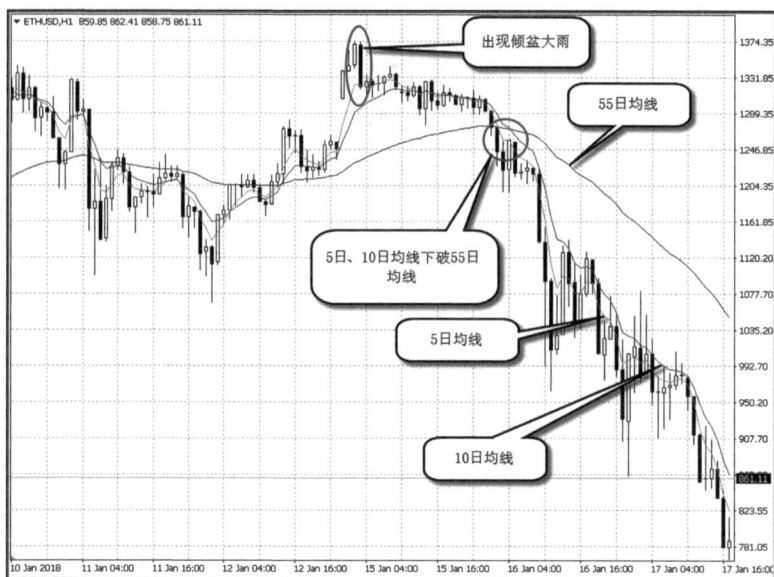

15.1.6 旭日东升

(小白) 旭日东升是什么样的呢?

(大鸟) 旭日东升的形状如下图所示。

旭日东升出现在下降趋势中,由一阴一阳两根 K 线组成:先是一根大阴线或中阴线,接着出现一根高开的大阳线或中阳线,阳线的收盘价高于前一根阴线的开盘价。

(小白) 它的技术意义是什么呢?

(大鸟) 旭日东升 K 线组合出现在连续下跌过程中,形成短期底部和阶段性底部的可能性大,往往阳线实体越长,后市反转的力度就越强。

案例:2017 年 9 月 7 日—10 月 5 日,比特币美元
4 小时 K 线图和移动平均线

比特币美元价格从 2017 年 9 月 11 日下跌到 15 日低点 2966 点左右,此时出现了旭日东升形态,说明下跌动力不足,有人做多比特币美元价格。但仍然不能

确定后市走势，因为 55 日均线仍然向下，直到 5 日均线上穿 10 日均线时，可以轻仓做多；9 月 21 日后比特币美元价格开始回调下跌，25 日再次出现了旭日东升形态，而且 5 日、10 日、55 日均线出现整齐排列，这也侧面证明下跌动力不足，后市继续上涨 600 点左右。

15.1.7　平顶

(小白) 平顶是什么样子的呢?

(大鸟) 平顶形态如下图所示。

(小白) 它的特点是什么?

(大鸟) 平顶又称"钳子顶"，有以下 3 个特点。

（1）在上涨趋势中出现。

（2）由 3 根或 3 根以上的 K 线组成。

（3）最高价处在同一水平位置上。

小白 这是见顶信号?

大鸟 是的,这是见顶信号,后市看跌。特别要注意,当平顶与其他顶部 K 线(特别是射击之星、吊颈线、顶部穿头破脚等)构成复合 K 线的时候,下跌力度巨大,不可久留,走为上策。通常,假如构成平顶或平底的 K 线距离太近,或者由连续两根 K 线组成,其效力可能减弱;相反,如果构成平顶或平底的 K 线之间有一定距离,则效力较为显著。

案例:2017 年 8 月 25 日—9 月 14 日,莱特币美元
4 小时 K 线图和移动平均线

2017 年 8 月 25 日,莱特币美元连续上涨并震荡下跌后再次拉升,到 9 月 8 日出现平顶(有一定距离,3 根 K 线最高值分别是 82.20、82.10、82.20),意味着涨不上去了,紧接着 5 日、10 日均线下破 55 日均线,说明跌势确定。之后价格一路下跌,后市继续看跌,果然后市继续下跌超 30 个点。

15.1.8 平底

小白 平底是什么样子的呢?

大鸟 平底形态如下图所示。

小白 它的特点是什么?

大鸟 平底有 3 个特点:

(1)在下跌趋势中出现。

(2)由 3 根或 3 根以上的 K 线组成。

(3)最低价处在同一水平位置上。

小白 这是见底信号?

大鸟 平底是见底回升的信号,如果它在股价有较大跌幅之后出现,提示股价反转的可能性较大。

案例:2017 年 9 月 20—25 日,以太币美元

小时 K 线图和移动平均线

自 2017 年 9 月 20 日以太币美元连续下跌后,到 22 日出现第一次平底(相隔一定距离的 3 根 K 线最低值分别是 252.90,252.95,252.95),意味着跌无可跌,紧接着 5 日、10 日均线上破 55 日均线,说明涨势确定。之后价格一路上扬。

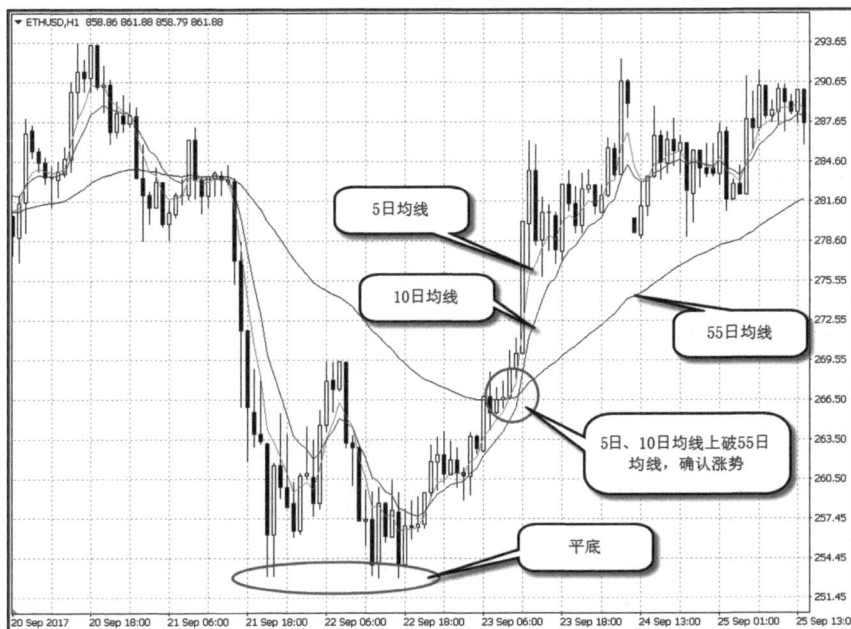

15.1.9 穿头破脚

小白 穿头破脚是什么样的呢?

大鸟 穿头破脚的形状如下图所示。

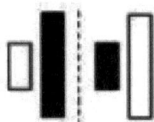

小白 穿头破脚的特征是什么?

大鸟 从技术上说,穿头破脚一般会提示后市强烈的走势,通常可分为两类:顶部穿头破脚和底部穿头破脚。

穿头破脚(阴包阳)的特征是:

(1)在升势中出现。

(2)第二根 K 线,即阴线的长度必须足以吞吃第一根 K 线(阳线)的全部(不包括上、下影线)。

(3)在升势末段中出现穿头破脚,趋势逆转的可能性较大。

穿头破脚(阳包阴)的特征是:

(1)在下跌趋势中出现。

(2)第二根 K 线,即阳线的长度必须足以吃掉第一根 K 线(阴线)的全部(不包括上、下影线)。

小白 它的技术意义是什么呢?

大鸟 底部穿头破脚:提示股价强烈回升的信号。开盘空方因短期获利卖盘,多方见股价回落后急于求成,包吃了之前的上、下影线,可说明多方资金强大,空方无力。

顶部穿头破脚:提示股价强烈下调的信号,将由原来的升势转为跌势,可对比底部穿头破脚,此时空方急于抛盘,资金大量逃出。

一般说来,无论是底部穿头破脚还是顶部穿头破脚,都是转势信号,即由原来的跌势转为升势,或者由原来的升势转为跌势。

通常这种转势信号的强弱与下面的因素有关：

（1）穿头破脚两根 K 线的长度越悬殊，转势的力度就越强。

（2）第二根 K 线包容前面的 K 线越多，转势的机会就越大。

（3）在跌势末段中出现，穿头破脚的阳线越大，趋势逆转的可能性就越大。

（4）若连续两个或更多个穿头破脚出现，则后期形式趋势力度将更大。

案例：2017 年 12 月 29 日到 2018 年 1 月 29 日，比特币美元4 小时 K 线图和移动平均线

2018 年 1 月 9 日，比特币美元连续上涨后出现穿头破脚（阴包阳），但 55 日均线仍在上行，所以只能轻仓做空。经过一段时间下跌后，5 日、10 日均线下破55 日均线，说明跌势落实，此时可以加仓做空，而 5 日、10 日均线始终无法上破55 日均线，后市果然继续下跌。

15.1.10 红三兵

小白 红三兵是什么样的呢?

大鸟 红三兵的形状如下图所示。

小白 红三兵的特征是什么?

大鸟 红三兵由三根 K 线组成,三根 K 线均为阳线,K 线实体不大,每天收盘价均高于前一天收盘价,上、下影线可有可无;三根阳线开盘价均为高开的红三兵,上升动能较大;三根阳线开盘价均在前一天阳线实体内,是慢牛的特征。

这里要注意:数字货币价格连续下跌后,当出现底部红三兵时,第三根阳线实体一定要站在 5 日均线、10 日均线之上,并且 5 日均线向上与 10 日均线靠拢,甚至金叉。这是红三兵买入的条件。在上涨途中,横盘整理时出现红三兵,也要求 5 日均线重新向上与 10 日均线靠拢。注意,10 日均线在数字货币价格整理时决不能走平或向下倾斜。这是涨升途中红三兵买入的条件。一般说来,按照上面讲的条件买入,后市有非常不错的涨升。

**案例:2018 年 2 月 12—19 日,以太币美元
小时 K 线图和移动平均线**

以太币美元价格从 2018 年 2 月 12 日下跌到 13 日低点 817.78 左右,此时出现了红三兵形态,说明下跌动力不足,有人做多以太币美元价格,此时可以轻仓做多。随后,5 日均线上穿 10 日均线,以太币美元价格一路震荡向上,5 日、10 日均线分别上穿 55 日均线,确定涨势,可以加仓做多。2 月 14 日再次出现了红三兵形态,配合均线整齐排列,这也侧面证明下跌动力不足,后市继续上涨。

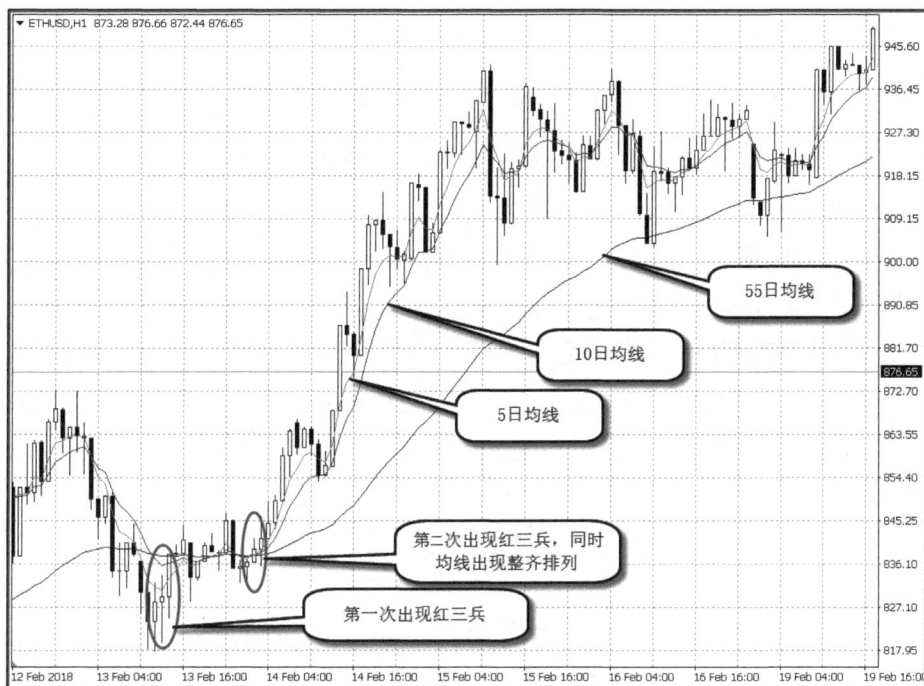

15.1.11　三只乌鸦

小白 三只乌鸦是什么样的呢？

大鸟 三只乌鸦的形状如下图所示。

小白 三只乌鸦的特征是什么？

大鸟 三只乌鸦由三根 K 线组成，三根 K 线均为阴线，K 线实体不大，每天收盘价均低于前一天收盘价，上、下影线可有可无。

这里要注意：数字货币价格连续上涨后，当出现顶部三只乌鸦时，三只黑乌鸦是由三个短小的连续下跌的小阴实体组成，K 线收盘价一日比一日低，表示空方力量在逐步加强，后市看淡，下跌速度将加快。三只乌鸦是数字货币价格要暴跌的信号，投资者见此信号应马上离场做空，不可恋战。

> **案例：2017 年 8 月 24 日—9 月 17 日，以太币美元**
> **4 小时 K 线图和移动平均线**
>
> 以太币美元价格从 2017 年 8 月 24 日上涨到 9 月 1 日高点 394.98 左右，此时出现了三只乌鸦形态，说明上涨动力不足，有人做空以太币美元价格。随后，5 日均线下穿 10 日均线，此时可以轻仓做空；然后，5 日、10 日均线下破 55 日均线，此时可以确定跌势，加仓做空，在此之后以太币美元价格一路震荡向下。9 月 10 日，以太币美元价格开始回调，12 日到达高点 316.18，再次出现了三只乌鸦形态，配合均线整齐排列向下，这也侧面证明上涨动力不足，后市继续下跌。

15.2 多数 K 线组成的反转形态

小白 多数 K 线组成的反转形态要关注哪些呢?

大鸟 对于由多数 K 线组成的形态，重点掌握双重顶（M 顶）、三重顶、多重顶、头肩顶几种见顶反转形态，以及双重底（W 底）、三重底、多重底、头肩底等见底反转形态，还有圆弧顶（底）和 V 形顶（底）。

15.2.1　头肩顶（底）形态

小白>头肩顶（底）形态是很经典的反转形态，对吧?

大鸟>头肩顶（底）形态是最经典的反转形态（高达 95%，所以一定要牢记），其他反转形态大都是头肩型的变化形态。

1. 头肩顶形态

小白>头肩顶形态是什么样子的?

大鸟>当头肩顶形成的时候，通常在最强烈的上涨趋势中形成左肩，小幅回调后再次上行形成头部，再次回调后上行形成右肩，由此形成最简单的头肩顶形态，如下图所示。

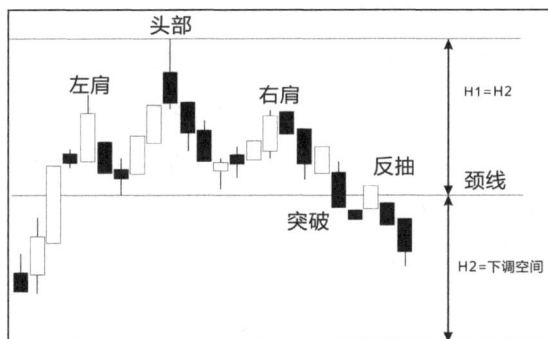

小白>头肩顶形态形成的原理是什么?

大鸟>当数字货币价格被大众蜂拥推到左肩时，成交量剧增；随后出于获利回吐的需要，数字货币价格开始向下调整，但由于后市仍被人看好，所以只是缩量下跌；然后数字货币价格又开始在利好消息的鼓动下继续攀升，成交量仍较可观；但是在接近头部的时候，成交量将出现萎缩和递减的现象，这是买盘不足的表现，于是出现了头部；此后市场出现了意见分歧，但由于多头力量不足，数字货币价格开始回落到颈线部位，当数字货币价格到达颈线部位后，部分持乐观预期的投资者继续买入，但有人怀疑头部已经形成，所以看好的人群开始减少，于是在数字货币价格无力维持高位的时候出现了右肩；随后数字货币价格开始回调，并在跌到颈线部位的时候开始带量突破；由于有人怀疑是假突破，故而后市有了反弹，使数字货币价格向颈线部位进行了反抽；当反抽后的数字货币价格未能站在颈线之上时，颈线由支撑线变成了阻力线，经典的头肩顶形态完全显露，数字货币价格开始带量持续下跌（也可以不带量下跌，当市场并没有出现恐慌性抛售的时候，价格会因买盘不足而自然回落）。尽管在外汇现货交易中我们看不到成交量，但并不能否认它的存在，而其基本原理如上所述，在外汇期货市场也如出一辙。

在上图中，价格反抽失败后将继续下跌，下跌的空间（价格测量目标）从颈线开始算起，最小幅度为头部到颈线的垂直距离。事实上，通常价格运动都会超出上述测量目标。但是这个目标有助于我们把握价格将来下跌的幅度是否足够，或者是否超出了很多，以提高警惕。当然，最大的下跌幅度是前趋势形成的起点，即从哪里升起就跌回哪里，因为买的人迟早都会卖掉，市场迟早都会自动平衡。

但是，在我们测量价格目标的时候，除了使用上述颈线部位的预测方法，必须同时考虑到附近的趋势线、支撑位、阻力位、回撤水平位、缺口等一切和支撑或阻力有关的技术位。比如，在头肩顶形态开始跌破趋势线后，如果有其他重要的支撑位处于下跌的测量目标之间，那么价格可能落到该支撑位就产生反弹，原有的测量目标就无法继续达到了。

实际上，头肩顶形态是道氏理论或趋势论的具体应用。在头部形成以前，其高点不断被创新，而低点不断被提升；在头部形成以后，其反弹高点不断降低，而低点也不断被刷新。所以，头肩顶形态是上升趋势和下降趋势紧密结合的范例，只是由于支撑线或压力线的作用，使其显得比较对称而已。需要注意的是，头肩顶（底）形态在实际的图表中都不是很完整的，也不一定很标准，大致相似就基本可以认定了。

案例：2017 年 12 月 15—22 日，莱特币美元小时 K 线图和移动平均线

自 2017 年 12 月 15 日以来，莱特币美元价格震荡上行，16 日形成左肩（325.98 点）后下降，19 日形成峰顶（370.00 点），20 日形成右肩（336.90 点）后开始震荡下行。自此小时图上一个小的头肩顶形态已经构筑。21 日莱特币美元价格跌破颈线，意味着后市必将继续下探。果然后市最低下探到 175.35 点左右。

2. 头肩底形态

小白 头肩底形态与头肩顶形态是完全相反的吗?

大鸟 头肩底形态与头肩顶形态相反，如下图所示。

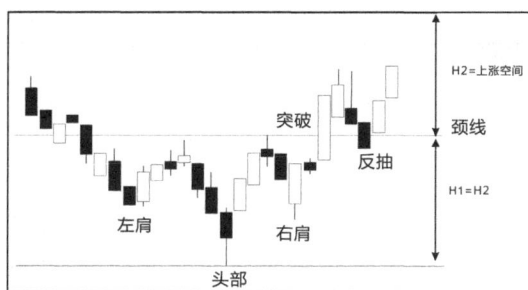

它们的区别如下:

（1）头肩底形态的形成时间较长且形态较为平缓，不像头肩顶形态形成得那样剧烈而急促。

（2）头肩底形态的总成交量比头肩顶形态的总成交量要少，这是底部供货不足而顶部恐慌抛售所致。

（3）头肩底形态突破颈线时必须要有量的剧增才有效，而头肩顶形态突破颈线时则可以是无量下跌。

（4）头肩底形态的价格在突破颈线后更习惯于反抽，因为落袋为安的交易者比较多。

（5）头肩底形态的颈线常常向右方下倾，如果颈线向右方上倾，则意味着市场更加坚挺。

在上图的头肩顶形态中，颈线是水平的，但是很多时候，颈线可能会从左至右向上或向下倾斜，向下倾斜的颈线往往意味着行情更加疲软。处于颈线位的反抽并不一定会发生，如果在突破颈线时成交量很大，那么反抽的可能性就会降低；而在市场十分疲软的时候，即使没有成交量，反抽也不易发生。此外，在进行反抽时，数字货币价格也可能重新站到颈线之上后向高位进军，这说明向下突破是假突破。在市场里，我们常称这种假突破为"扫止损"行为，因为在头肩顶的颈线部位，常常有大量的多头止损单，多头主力虚假一枪的假突破可扫除很多跟风盘，之后便于顺利上升。

案例：2017 年 12 月 5—12 日，以太币美元小时 K 线图和移动平均线

自 2017 年 12 月 5 日以来，以太币美元价格震荡下行，6 日形成左肩（402.00 点）后回升，7 日形成谷底（389.00 点），8 日形成右肩（391.33 点），一个小型头肩底行情形成，紧接着价格突破颈线，并伴随蛟龙出海形态。后市价格开始震荡上行上探。

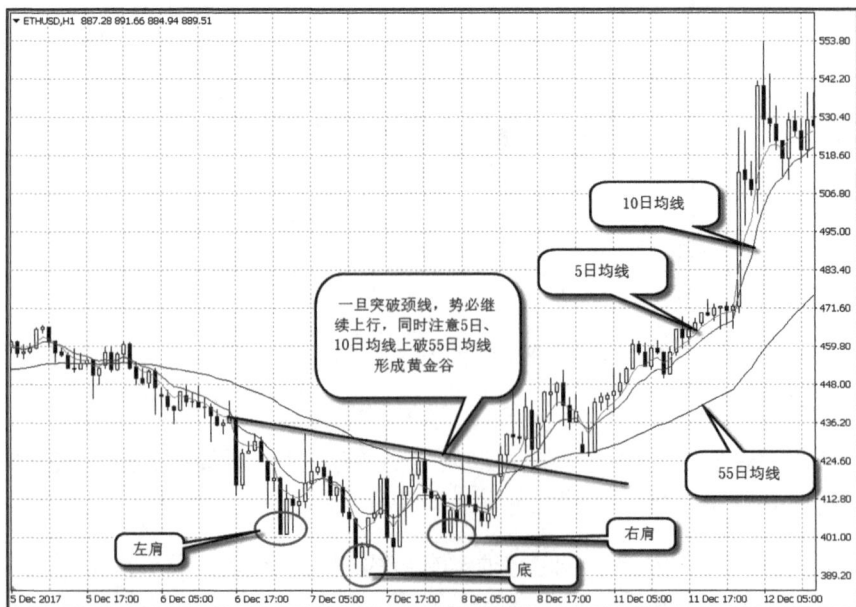

15.2.2　三重顶（底）

小白 三重顶（底）形态是什么样的呢?

大鸟 三重顶（底）形态和头肩顶（底）形态唯一的区别在于它没有"头部"，它的三个峰（谷）的高低几乎一致，常常使人们无法分辨是头肩顶（底）还是三重顶（底）。

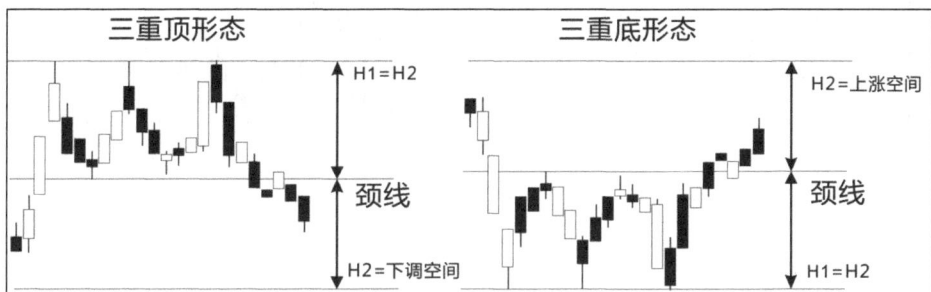

三重顶（底）之顶峰与顶峰或底谷与底谷的间隔距离与时间不必相等，同时三重顶之底部与三重底之顶部不一定要在相同的价格处形成。三个顶点的价格不必相等，大致相差 3%以内就可以。三重顶的第三个顶，成交量非常小时即显示出下跌的征兆；而三重底在第三个底部上升时，成交量大增，即显示出股价具有突破颈线的趋势。从理论上讲，三重底或三重顶最小涨幅或跌幅，底部或顶部越宽力量越强。

案例：2017 年 12 月 14—21 日，比特币美元
小时 K 线图和移动平均线

比特币美元价格在 2017 年 12 月 15 日、18 日和 19 日做了一个小型三重顶，即 19259.53 点、19189.96 点和 19183.01 点。在技术分析中，三重顶是价格反转的重要指标。2017 年 12 月 9 日，比特币美元价格 5 日均线、10 日均线下破 55 日均线，同时突破趋势线，预示后市继续下跌。

15.2.3　双重顶（底）

小白 双重顶形态是指什么呢?

大鸟 双重顶形态是指数字货币价格在顶部形成两个波峰的形状，常称为"M"型反转；双重底形态是指数字货币价格在底部形成两个波谷的形状，常称为"W"型反转。与三重顶（底）形态和头肩顶（底）形态不同的是，双峰（谷）形态突破后的涨（跌）幅通常是形态本身颈高的 1～3 倍。

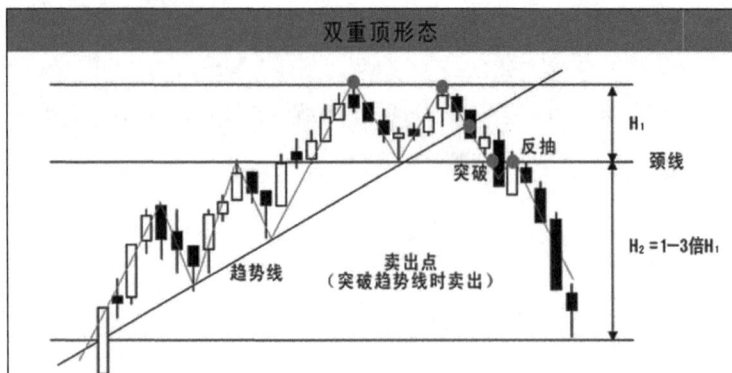

如上图所示，数字货币价格一直沿趋势线向上爬升，当它两次爬到同一高度

而折回时，我们可以感觉到那里有较强的卖压；而一旦数字货币价格折回趋势线以下时，我们则大致可以判断"M"头可能会形成，于是在数字货币价格突破趋势线的时候，就是第一个比较理想的卖出点。

既然预知"M"头会形成，我们就会在最近一个低点处画出与顶部平行的颈线，等待数字货币价格完成突破和反抽的过程。在数字货币价格突破颈线的时候是第二个比较理想的卖出点，而当数字货币价格进行反抽的时候则是第三个很好的卖出点。当反抽失败后，下跌的测量目标为从顶部到颈线位垂直距离的 1～3 倍。

双重底反转形态与双重顶反转形态基本相反。

需要注意的是，双重顶（底）反转形态并不一定意味着数字货币价格必定反转。数字货币价格如在回落到颈线部位时获得支撑，则有可能再创新高，继续朝原趋势方向运动；或者退回来继续形成三重顶、多重顶、矩形等多种形态。

〔小白〕那怎么衡量呢？

〔大鸟〕有三个标准可以用来衡量，以双重顶为例：最快的方法是看价格是否跌破了原有的左斜向上的趋势线，当跌破该趋势线时，下一个支撑位就是颈线，出现了颈线自然就有可能出现双重顶、三重顶、矩形等形态。再一个衡量标准是时间，如果两个顶之间形成的时间间隔较长（如一个月），那么形成顶部的可能性较大，因为其消耗了大量的多头热情而局势得不到迅速上升，则有压制下跌、维持出货的嫌疑。还有一个衡量标准是"M"形态的高度，即峰顶回撤的幅度，如果从两个顶部位回撤的幅度是原来上涨趋势的 15%～20%，那么这种有力度的回撤也有可能意味着顶部正在形成。但两个顶之间间隔的时间越长，对于顶之间下跌的幅度要求就越小。

此外，双重顶（底）形态的两个峰（谷）之间的距离越远，也就是形成两顶（底）所持续的时间越长，那么，将来双重顶（底）形态反转的潜力就越大，反转之后的波动也就越剧烈，这又体现了时间和空间的互换含义。

> ### 案例：2017 年 11 月 22 日—12 月 20 日，比特币现金美元
> ### 4 小时 K 线图和移动平均线
>
> 比特币现金美元价格从 2017 年 11 月 24 日开始下跌，在 11 月 30 日、12 月 9 日做了一个小型双重底，在技术分析中，双重底是一个价格反转的重要指标。12 月 12 日，比特币现金美元价格突破趋势线，同时 5 日均线、10 日均线上穿 55 日均线，预示后市继续上涨。

案例：2018 年 1 月 9—17 日，以太币美元小时 K 线图和移动平均线

以太币美元价格从 2018 年 1 月 9 日开始上涨，在 10 日、15 日做了一个双重顶，在技术分析中，双重顶是一个价格反转的重要指标。之后，价格出现震荡，始终无法向上突破。16 日，以太币美元价格 5 日均线、10 日均线下破 55 日均线形成死亡山谷，预示后市继续下跌。

15.3　K 线常见经验

小白 在使用 K 线的过程中，有什么具体的经验吗？

大鸟 经验主要有以下几条：

（1）小周期与大周期。

（2）K 线越多越有效。

（3）如何看待成交量。

（4）如何看待机构操纵数字货币走势。

15.3.1　小周期与大周期

小白 小周期和大周期有什么不同吗？ 5 分钟的 K 线图和 1 个小时的 K 线图乃至 1 天的 K 线图区别在哪里呢？

大鸟 由一根或数根 K 线构成的形态，如十字星、吊颈线、黄昏之星等形态，应该到小时线、4 小时线、日线图或日线以上周期中去看，效果更加明显。周期越短，效果越不明显。如果你在 5 分钟图中发现一个黄昏之星形态，我可以肯定地告诉你，这个形态没有任何意义。这是广大新手最容易犯的错误，他们的眼光总是局限于小周期中。

小白 为什么周期越长，K 线形态的准确性越高？

大鸟 小周期或少数几根 K 线的走势容易受到一些大机构的操纵。例如，明明是上涨趋势，它们却偏偏投入资金逆势做空，使行情下跌，等你跟着做空后，它们又投入更多资金顺势做多，使那些做空的投资者蒙受重大损失。但这些大机构很难操纵大周期或很多根 K 线的走势，因为数字货币市场是全球市场，如果要操纵大周期或很多根 K 线的走势，需要巨量的资金，目前全世界没有任何一个机构有这样的实力。小周期中的 K 线更多的是无序波动，趋势并不明显，参考价值很小。

15.3.2　K 线越多越有效

小白 为什么 K 线数量越多，K 线形态的准确性越高？

大鸟 组成形态的K线越多越有效，比如出现头肩顶、头肩底等形态时，其行情反转的可能性在95%以上。对于由很多根K线组合的形态，如头肩顶、头肩底等形态，在小时、2小时、4小时等周期中依然有效，因为这些形态由很多根K线组成，被机构操纵的可能性不大。当然，出现在越大的周期中越有效。

小白 出现某种形态就会出现某种结果吗？

大鸟 K线出现某种形态并不一定就出现某种结果，而只能说出现这种结果的概率较大。比如，出现黄昏之星形态并不一定出现行情反转，只能说行情反转的可能性较大。永远记住：技术分析说的是概率，不是绝对。

15.3.3 如何看待成交量

小白 很多书上说，K线形态要结合成交量来看，那怎么看成交量呢？

大鸟 作为数字货币，全世界的交易量太庞大了，日内的交易量可以达到20万亿美元。其成交量根本无法统计，我们能看到的仅仅是Volumes成交量指标上的数值反映某商品市场建仓的头寸变化，体现市场关注程度的高低。由于数字货币市场实时成交量统计较难，因此该数值乃至该指标都只具一般参考意义。

因为对于数字货币交易来说，没有一个中央机构能对数字货币全球交易量进行统计，所以你在平台上看到的交易量只不过是交易商自己的交易量，交易商的客户交易量并不大，而且这种指标给出的数字还不一定真实。

小白 原来如此。

大鸟 不过对于新手来说，成交量是一个很复杂的东西，而很多投资者根本不看成交量，照样将以上的K线理论运用得很好。也就是说，成交量这个东西，有最好，没有也没多大影响。所以，新手可以不去理会成交量，完全可以等到有一定能力的时候再去研究它。

15.3.4 如何看待机构操纵数字货币走势

小白 据说有很多大机构操纵数字货币短期走势，那我们应该怎么办？

大鸟 不用担心，河里的大鱼虽然能够掀起大浪，但并不能使河水倒流。这些机构就像河里的鱼，虽然能影响短期走势，但无法改变大走势。所以，我们只需分析出大的趋势，顺势做单就行了，那些操纵行情的机构正好给我们提供一个较好的入场点位。比如在上涨趋势中，由于某些机构的操纵及一些多头的平仓，恰好使行情回调到某个支撑点位，这正是我们入场做多的好时机。

15.3.5　如何看待 K 线与趋势的关系

小白 在实际看盘时，我经常发现蜡烛图技术中的经典下跌形态，于是便毫不犹豫地做空。不过，市场一次次击碎了我的梦。为什么呢？比如下面这张图。

我分别在小时线，4 月 23 日射击之星处；24 日出现倾盆大雨处；30 日穿头破脚处做空。结果不但没赚钱还赔钱了，这是为什么呢？

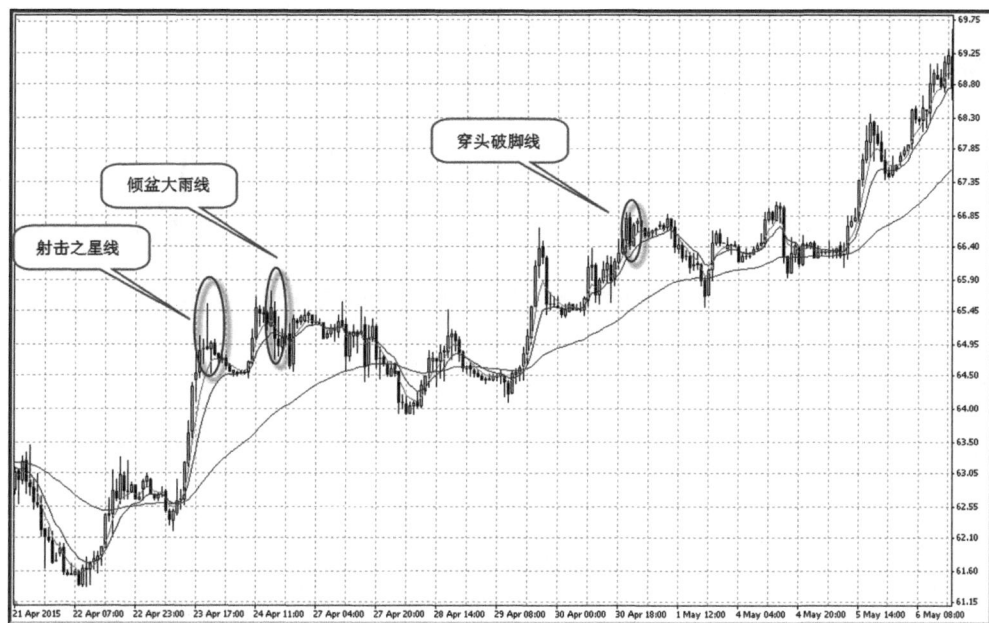

大鸟 我们不需要进行事后诸葛亮式的分析，只要在学习《日本蜡烛图技术》时留意到最初的一句话，就不会对这些形态抱太大的希望：

仅当反转信号所指的方向与市场的主要趋势方向一致时，我们才可以依据这个反转信号开立新头寸。

从上面的图来看，无论是目测，还是使用移动平均线（图中分别为 5 日、10 肉、55 日和 200 日均线）分析，市场大的趋势都在上升。因此，当前阶段我们应该忽略看空信号，重视看涨信号。

所有趋势交易都应以大趋势为前提。记住：单K线服从K线组合，K线组合服从形态，形态服从趋势，小趋势服从大趋势，所有片面强调K线重要性而忽略趋势规律的技术都是不可取的。

只有当头肩颈形态出现，55日均线方向向下，且5日、10日均线下破55日均线时，我们才说这个倾盆大雨的形态有意义

第 16 章　MACD

MACD 中的金叉、死叉、纠缠、背离是外汇市场上的必杀技之一，能够很有效地判定外汇市场趋势逆转规律，是外汇市场必须要掌握的主要技能之一。

16.1　MACD 概念

小白〉MACD 是指什么呢？

大鸟〉MACD（Moving Average Convergence Divergence，均线集中分叉）是绝大多数看盘软件的默认指标，也是使用最广泛的附图指标。

MACD 应用了移动平均这个滞后性指标，因此也具有了一些趋势跟随的特性。通过计算长期移动平均线和短期移动平均线的差值，MACD 将这些滞后指标转化成一个动力震荡指标，结果形成了一条来回震荡的曲线。

小白〉如何来解读这个指标呢？

大鸟〉要用好 MACD，首先要了解 2 线 1 柱。2 线是指 DIFF 线和 DEA 线，是 MACD 指标中的两个数据。

- DIFF 线（黄色）：收盘价短期、长期指数平滑移动平均线间的差（快速移动平均线和慢速移动平均线）。

- DEA 线（绿色）：DIFF 线的 M 日指数平滑移动平均线。

中间的横线是零轴，指标在零轴之上为正值（多头市场），在零轴之下为负值（空头市场）。

MACD 线（柱状）：围绕零轴的柱状图，表示 DIFF 线与 DEA 线的差的 2 倍，彩色柱状线。MACD 线越长，说明 DIFF 线距离 DEA 线的距离越远。当柱线位于零轴上方时，表示 MACD 为正值，显示为红色；当柱线位于零轴下方时，表示 MACD 为负值，显示为蓝色。

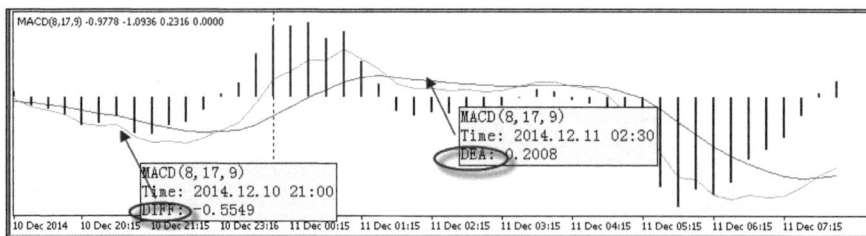

这里要注意一点：由于 MACD 指标具有滞后性，有时候价格涨了很多，DIFF 线和 DEA 线才进入零轴以上；有时候价格跌了很多，DIFF 线和 DEA 线才进入零轴以下。所以 MACD 指标虽有助于判断趋势，但不能仅以此作为买卖依据。如果你看到 MACD 指标在零轴以上就一味多做，或者在零轴以下就一味做空，这都是不可取的。

〔小白〕MACD 指标的用法是什么呢？

〔大鸟〕MACD 指标的用法包括三种：看交叉、看纠缠、看背离。

16.2　MACD 金叉/死叉

〔小白〕先说交叉，MACD 交叉是什么交叉呢？

〔大鸟〕交叉分为两种：金叉和死叉。

16.2.1　交叉的概念

〔小白〕什么是金叉，什么又是死叉呢？

〔大鸟〕一般来说，短期均线从下向上突破长期均线是买入信号，称为"金叉"；短期均线从上向下跌穿长期均线是卖出信号，称为"死叉"。

但如果长期均线向下或变缓的同时短期均线向上穿越就不能叫金叉，死叉也是如此。以 5 日均线和 10 日均线为例，5 日均线主动向上穿过 10 日均线为金叉，5 日均线主动下穿 10 日均线为死叉。注意：这里主要强调主动的问题，因为还有被动性金叉和被动性死叉。

〔小白〕被动性？

〔大鸟〕是的。走势包括三种情况，即上涨、横盘和下跌。通常主动性金叉的产生是由于比特币美元价格上涨导致的。被动性金叉的产生是由于横盘导致的，这种金叉可参考的价值不大，只有上涨形成的主动性金叉才有参考价值。

16.2.2　MACD 交叉参数的选择

(小白)MACD 参数怎么设定？

(大鸟)你可以选择默认的（12,26,9），我使用的是（30,70,5）。

(小白)为什么你要这样设定？

(大鸟)因为（30,70,5）这个参数来自黄金分割，相对于默认的（12,26,9），它的曲线更加平滑，不太容易出现频繁交叉的情况，更利于我们掌握大趋势。

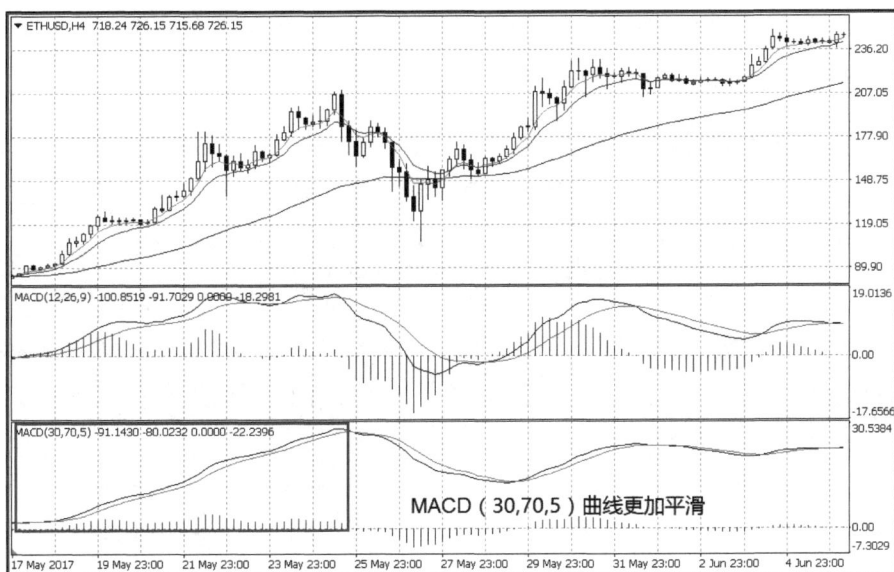

16.2.3　DIFF 和 DEA 形成金叉

(小白)看金叉有什么注意事项吗？

(大鸟)在实际使用时各个指标的金叉和死叉应综合考虑，当短期均线和长期均线均在零轴下方时，可以认为市场上空方占据优势。当短期均线和长期均线均在零轴上方时，可以认为市场上多方占据优势。

因此，零轴上方出现的金叉比下方出现的金叉更具反转意义，零轴下方出现的金叉多数情况下是反弹，少数情况预示反转。区分的方法是：

（1）看短期均线和长期均线在形成金叉后能否快速运行到 MACD 的上方，若能则说明此金叉有效。

（2）看金叉的次数，这是看技术指标的基本技巧，形成金叉的次数越多，金叉越有效。

1. 零轴上方金叉买入法

小白 零轴上方金叉买入法是什么样子的？

大鸟 MACD 两条曲线在零轴上方金叉时，以买入为主，在零轴上方附近金叉时更是如此。MACD 在零轴上方金叉一般是在上升了一波行情后经回档调整再出现的居多。MACD 在零轴上方金叉后的走势预示着前一波上升行情升幅不大、力度不强时，后面的上升行情会比前一波上升行情升幅大、力度强。此方法能捕捉到一波快速、强劲上升的大行情。

> **案例：2017 年 5 月 15 日—6 月 2 日，以太币美元**
> **4 小时 K 线图和移动平均线**
>
> 2017 年 5 月 18 日，以太币美元价格在 MACD 零轴上方首次形成金叉，从均线来看，5 日、10 日、55 日均线整齐排列，预示后期有大行情，此时可以做多，后市上涨一段时间后，在 25 日进行调整； 29 日第二次出现零轴上方 MACD 金叉，而且短期均线、中期均线、长期均线第二次从上而下整齐排列，意味着后市必将继续上涨。后市上涨超过 60 点。

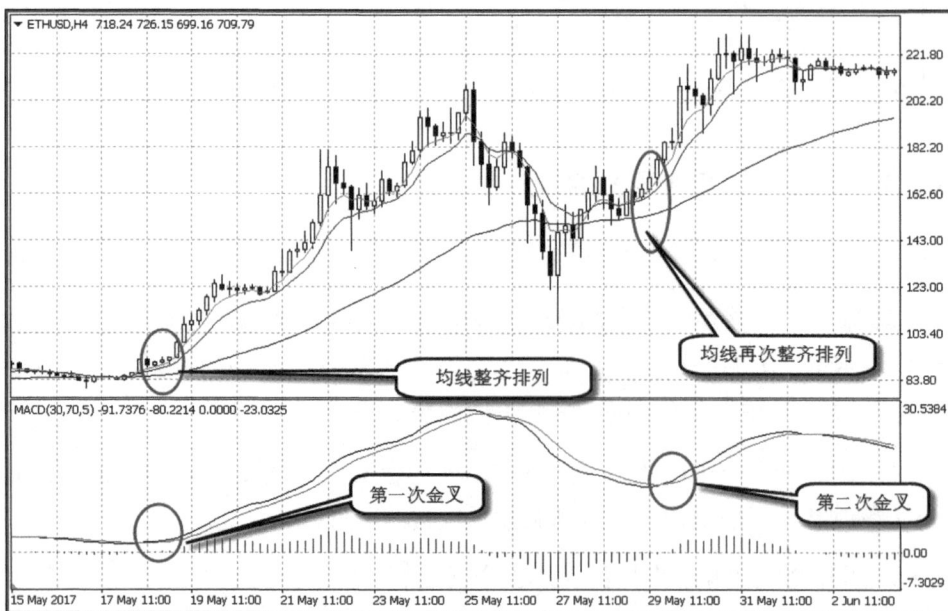

2. 零轴下方金叉买入法

[小白] 零轴下方金叉买入要怎么看呢?

[大鸟] 一般来说，MACD 两条曲线在零轴下方金叉时先看作反弹，但有时也会演变成一波强劲的上升行情。

[小白] 究竟在什么情况下 MACD 在零轴下方金叉只是小反弹? 在什么情况下 MACD 在零轴下方金叉会走出一波强劲的上升行情?

[大鸟] 这就要结合其他技术指标综合分析了，尤其要结合 K 线和均线进行分析。

案例：2017 年 12 月 27 日到 2018 年 1 月 3 日，以太币美元小时 K 线图和移动平均线

以太币美元价格从 2017 年 12 月 27 日开始下跌，在 28 日出现 MACD 零轴下方金叉，而且头肩底形态出现，注意此时均线距离比较远，在技术分析中，毕竟 55 日均线仍然往下，可以轻仓做多； 29 日以太币美元价格 5 日均线、10 日均线上破 55 日均线，确定涨势，预示后市上涨，可以加仓做多。

下面再举一个失败的例子：出现了零轴以下金叉，但是没有均线配合，仍然

没有反转的情况。读者可以认真研读，以免将来犯类似错误。

案例：2018 年 1 月 29 日—2 月 6 日，比特币现金美元

小时 K 线图和移动平均线

比特币现金美元价格从 2018 年 1 月 29 日到 2 月 6 日连续下跌，1 月 31 日、
2 月 2 日 MACD(30,70,5)连续出现金叉，反转形态出现。但是注意，5 日均线、10
日均线始终不能上穿 55 日均线，而且 55 日均线仍然向下，后市不明。此时不应
轻易做多以免造成扫损，果然后市并未上涨，而是继续向下。

16.2.4　DIFF 和 DEA 二次金叉

（小白）MACD 二次金叉是指什么呢？

（大鸟）MACD 金叉实战技巧：①MACD 低位一次金叉的，未必不能出暴涨，
但 MACD 低位二次金叉出暴涨的概率更高一些。②MACD 低位二次金叉出暴涨
的概率之所以更高一些，是经过第一次金叉之后，空头虽然再度小幅进攻造成又
一次死叉，但是，空头的进攻在多方的二次金叉面前遭遇溃败，从而造成多头力
量的喷发。③MACD 低位二次金叉，如果结合 K 线形态上的攻击形态研判，则可
信度将提高，操盘手盘中将更容易下决心介入。

（1）第二次金叉离第一次金叉距离越近越好。

（2）MACD 第二次金叉的位置以高于第一次金叉为好。

（3）MACD 第二次金叉时结合 K 线形态上的攻击形态研判（如多方炮、平台突破等），则可增加成功率。

案例：2017 年 11 月 15—23 日，比特币现金美元
小时 K 线图和移动平均线

2017 年 11 月 17 日，比特币现金美元价格形成首次金叉，但从均线上来看，55 日均线仍然下行，可以轻仓做多。后市上涨一段时间后，在 20 日进行调整，22 日 MACD 二次金叉，而且短期均线、中期均线、长期均线从上而下整齐排列，意味着后市必将继续上涨。

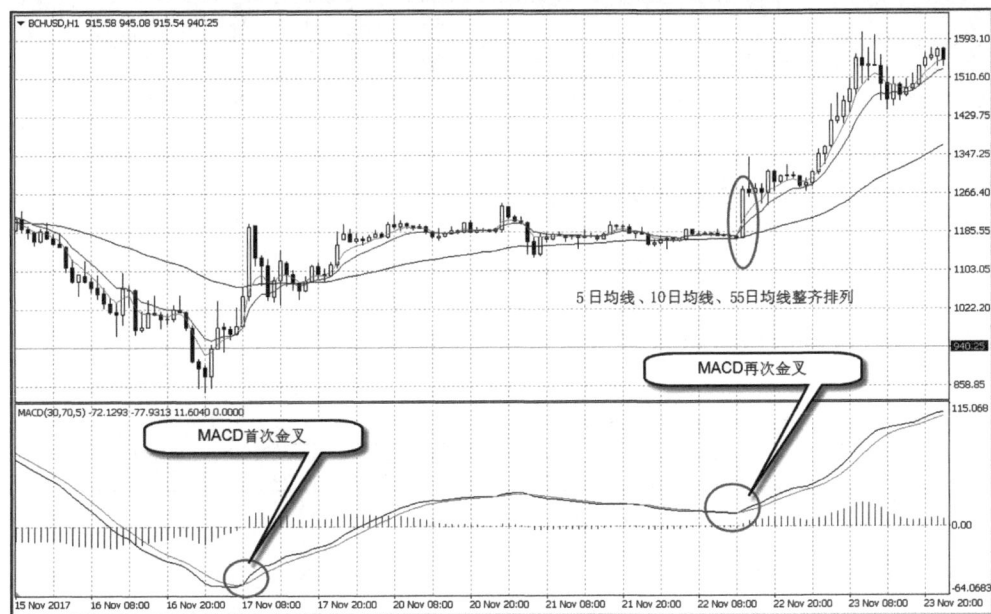

16.2.5　DIFF 和 DEA 形成死叉

小白 DIFF 和 DEA 形成死叉也分两种情况吧?

大鸟 是。分为零轴下方和零轴上方两种情况。

1. 零轴下方死叉卖出法

小白 零轴下方死叉卖出法是什么样子的呢?

大鸟 MACD 两条曲线在零轴下方死叉时以卖出为主,在零轴下方附近死叉时更是如此。零轴下方附近死叉再配合均线交叉(死叉形成共振),一般能捕捉到一波快速下跌的大行情。

案例: 2018 年 1 月 29 日—2 月 6 日, 比特币现金美元
小时 K 线图和移动平均线

2018 年 2 月 1 日, 比特币现金美元价格形成 MACD 死叉, 注意这个死叉正好靠近零轴下方, 意味着一波大跌行情可能到来。从均线来看, 5 日、10 日均线也出现死叉且在 55 日均线以下, 此时可以大胆做空。后市下跌一段时间后, 在 2 日进行调整, 5 日再次出现死叉, 同时短期均线、中期均线、长期均线从下而上整齐排列, 意味着后市必将继续下跌。后市果然大跌。

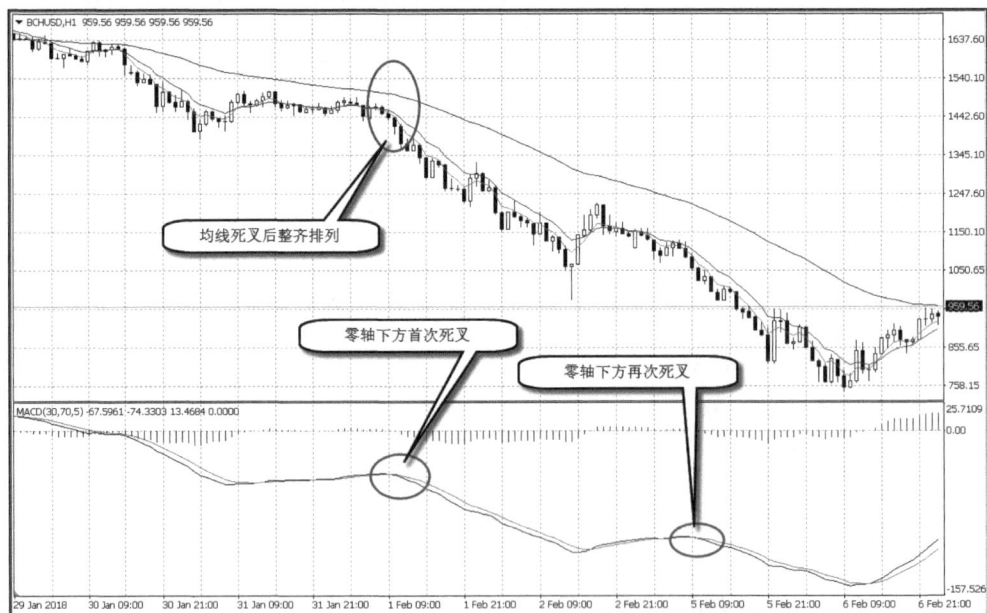

2. 零轴上方死叉卖出法

小白 零轴上方死叉卖出要怎么看呢?

大鸟 一般来说, MACD 两条曲线在零轴上方死叉时先看作调整, 但有时也会演变成一波强劲的下跌行情。

[小白] 究竟在什么情况下 MACD 在零轴上方死叉只是小调整？在什么情况下 MACD 在零轴上方死叉会走出一波强劲的下跌行情？

[大鸟] 这就要结合其他技术指标综合分析了，尤其要结合 K 线和均线进行分析。

案例：2018 年 1 月 24—31 日，比特币现金美元小时 K 线图和移动平均线

2018 年 1 月 29 日，比特币现金美元小时图出现 MACD 零轴上方死叉，同时 K 线形成一个倒锤子形态，此为做空信号，可以轻仓做空。随后震荡下行，30 日出现 5 日均线、10 日均线下破 55 日均线的情况，预示后市必然继续下跌，可以加仓做空，后市果然继续下跌。

我们再举一个失败的例子，即 MACD 在零轴上方死叉，但是价格却没有下跌。这种情况主要是 5 日均线始终无法突破 55 日均线所致。读者要注意：只有长期均线的破位，才是趋势逆转的标志，否则只是"有可能逆转"。

案例：2017 年 12 月 7—14 日，比特币现金美元小时 K 线图和移动平均线

比特币现金美元价格从 2017 年 12 月 7 日到 12 日连续上涨（价格高点抬高，向上走），12 日 MACD(30,70,5)出现死叉，确定反转形态加强。但是要注意：5 日均线、10 日均线始终不能下破 55 日均线，而且 55 日均线仍然向上，后市不明。此时不应轻易做空，以免造成扫损。果然后市并未下跌，而是继续向上。

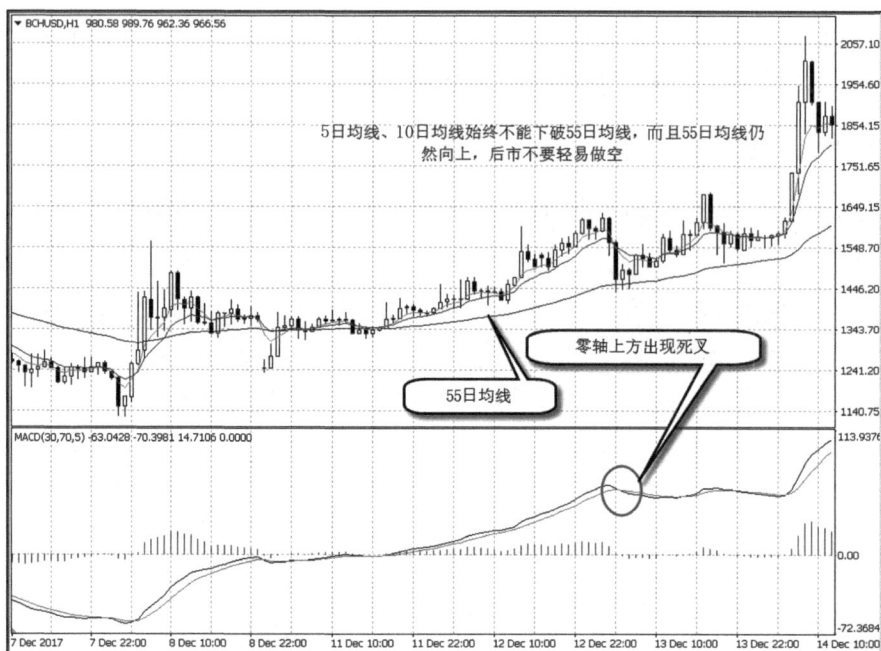

16.3 MACD 纠缠

小白 }MACD 纠缠是指什么呢？

大鸟 在 MACD 中，DIFF 和 DEA 具有类似均线的性质，如果相互距离得太远会吸引，从而出现问题或反弹；如果相互靠近或纠缠会排斥，从而出现爆发性行情。这种爆发性行情通常出现在：DIFF 与 DEA 将要交叉却没有交叉（将叉未叉），或者只是轻微交叉时；或者 DIFF 和 DEA 相互纠缠时，也就是 DIFF 和 DEA 双线黏合时。

案例：2018 年 1 月 11—17 日，比特币现金美元小时 K 线图和移动平均线

2018 年 1 月 11 日，比特币现金美元价格形成高点后震荡下降，并在 15 日出现死叉，随后系统回调，在 16 日出现第一次将叉未叉，然后略微发散。同时通道底边被突破，此为做空信号，可以轻仓做空。随后价格果然下跌，再次调整后，17 日又一次出现将叉未叉后略微发散的情况。此时均线也开始整齐向下排列，预示后市必然继续下跌。后市果然继续下跌。

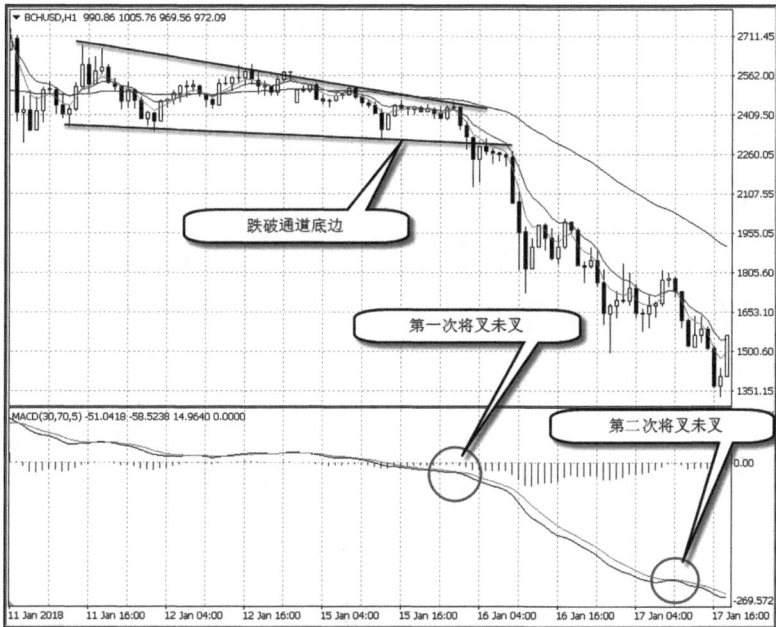

案例：2017 年 11 月 10—17 日，莱特币美元小时 K 线图和移动平均线

　　2017 年 11 月 10 日，莱特币美元价格一路下行，12 日形成低点后开始震荡上行，13 日形成 MACD 金叉，但是并不能确定趋势反转。14 日 MACD 出现将叉未叉情况，随后均线整齐向上排列，预示后市必然继续上涨。后市果然继续上涨。

零轴对 DIFF 和 DEA 尤其是 DIFF 具有排斥力。当 DIFF 和 DEA 靠近零轴时，会受到零轴的排斥力，从而产生爆发性行情。如果 DIFF 和 DEA 互相靠近或纠缠，同时又很靠近零轴，将产生更加强大的爆发性行情。

> **案例：2017 年 11 月 2—9 日，莱特币美元小时线 MACD 零轴附近双线黏合**
>
> 2017 年 11 月 3—7 日，莱特币美元小时线 MACD 零轴附近呈现双线黏合，后市形成了爆发性加速上涨的行情。

16.4　MACD 背离

小白 MACD 背离是指什么呢？

大鸟 MACD 背离就是指 MACD 指标和外汇 K 线走势不一致，分为顶背离和底背离。如果没有出现背离，说明动能充足，应该大胆顺势操作；如果出现背离，则意味着动能不足，行情可能出现调整（回调、反弹、横盘）或趋势逆转，可以结合其他指标更准确地判断究竟是调整还是逆转。

小白 你看 MACD 背离一般用哪个参数呢?

大鸟 我一般采用（5,13,1）这个参数。

小白 为什么用（5,13,1）这个参数呢?

大鸟 因为用（5,13,1）这个参数可以保证柱状图显示和线图一致（柱状图不会超过线图的显示范围），更容易观察 MACD 走势。

小白 如何调整参数呢?

大鸟 在 MT4 软件中先执行"插入→技术指标→震荡指标→MACD"命令。

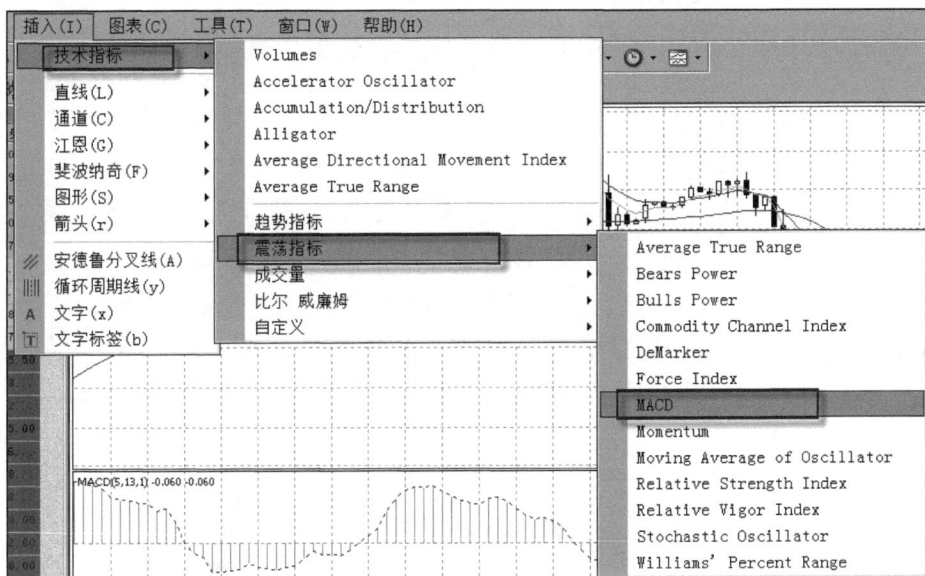

插入(I)	图表(C)	工具(T)	窗口(W)	帮助(H)		
	技术指标	▶	Volumes			
	直线(L)	▶	Accelerator Oscillator			
	通道(C)	▶	Accumulation/Distribution			
	江恩(G)	▶	Alligator			
	斐波纳奇(F)	▶	Average Directional Movement Index			
	图形(S)	▶	Average True Range			
	箭头(r)	▶	趋势指标	▶		
	安德鲁分叉线(A)		震荡指标	▶	Average True Range	
	循环周期线(y)		成交量	▶	Bears Power	
A	文字(x)		比尔 威廉姆	▶	Bulls Power	
T	文字标签(b)		自定义	▶	Commodity Channel Index	
					DeMarker	
					Force Index	
					MACD	
					Momentum	
					Moving Average of Oscillator	
					Relative Strength Index	
	MACD(5,13,1) -0.060 -0.060				Relative Vigor Index	
					Stochastic Oscillator	
					Williams' Percent Range	

然后分别设置参数为 5、13、1。

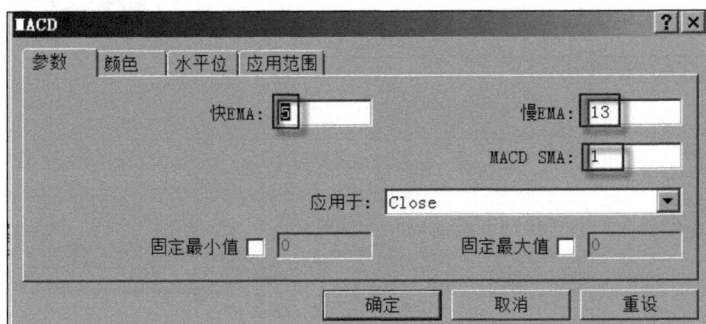

MACD

| 参数 | 颜色 | 水平位 | 应用范围 |

快EMA: 5　　　　　　　慢EMA: 13

MACD SMA: 1

应用于: Close

固定最小值 □ 0　　　　固定最大值 □ 0

确定　　取消　　重设

16.4.1 DIFF 顶背离

小白 顶背离是指什么呢?

大鸟 若外汇 K 线图上的走势一峰比一峰高,价格一直向上涨,而 MACD 指标图形上由红柱构成的图形的走势一峰比一峰低,即当价格的高点比前一次的高点高,而 MACD 指标的高点比指标的前一次高点低,这叫顶背离现象。顶背离现象一般是价格在高位即将反转转势的信号,表明价格短期内即将下跌,是卖出信号。注意:顶背离仅是价格反转的一种可能,并不代表一定会出现反转,如果要确认反转形态,还是要依靠均线、MACD 死叉、K 线等多种技术。

案例:2017 年 11 月 29 日—12 月 28 日,莱特币美元
4 小时 K 线图和移动平均线

莱特币美元价格从 2017 年 11 月 29 日到 12 月 19 日连续上升(价格高点抬高,向上走),可对应 MACD(5,13,1)却出现背离,方向一浪浪向下走。这时已经出现了反转形态,但还是不能确认,MACD(30,70,5)出现死叉,反转形态加强。12 月 19 日,莱特币美元 5 日均线、10 日均线下破 55 日均线,预示后市继续下跌。果然后市持续下跌。

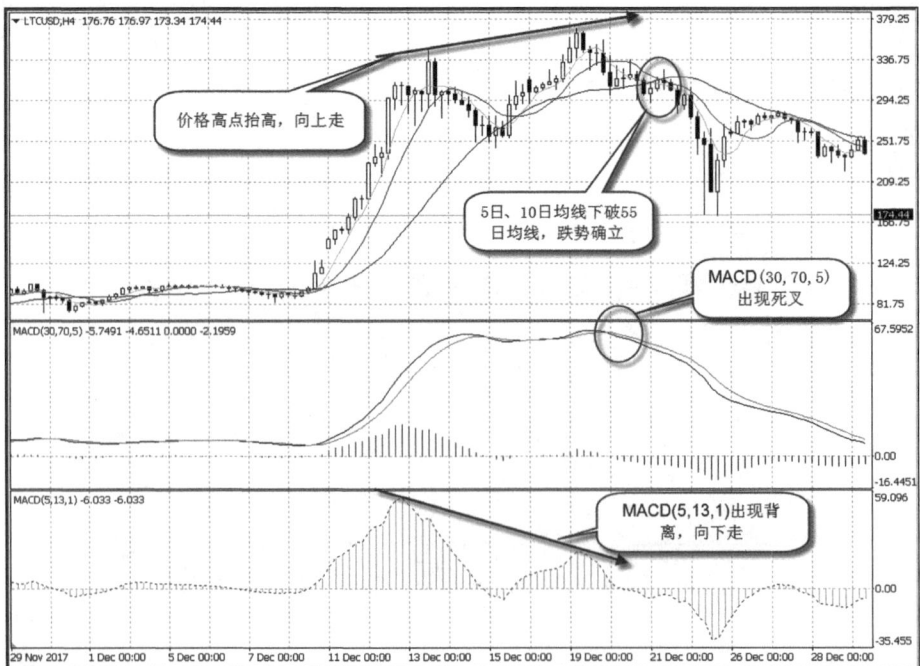

　　下面再举一个失败的例子：出现了顶背离，但是没有均线配合，仍然没有反转的情况。读者可以认真研读，以免将来犯类似错误。

案例：2018 年 2 月 13—20 日，莱特币美元小时 K 线图和移动平均线

　　莱特币美元价格从 2018 年 2 月 13 日到 15 日连续上升（价格高点抬高，向上走），可对应 MACD(5,13,1)却出现背离，方向一浪浪向下走。这时已经出现了反转形态，但还是不能确认，MACD(30,70,5)出现死叉，反转形态加强，但是 5 日均线、10 日均线始终不能下破 55 日均线，而且 55 日均线仍然向上，后市不明。此时不应轻易做空，以免造成扫损，果然后市并未下跌，而是继续向上。

16.4.2　DIFF 底背离

　　小白 底背离是指什么呢？

　　大鸟 底背离一般出现在价格的低位区。当 K 线图上的数字货币价格还在下跌，而 MACD 指标图形上由绿柱构成的图形的走势一底比一底高，即当价格的低点比前一次低点低，而指标的低点却比前一次的低点高，这叫底背离现象。底背离现象一般是预示价格在低位可能反转向上的信号，表明价格短期内可能反弹向上，是短期买入的信号。

在实践中，MACD 指标的背离一般出现在强势行情中比较可靠，价格在高价位时，通常只要出现一次背离的形态即可确认价格即将反转；而价格在低位时，一般要反复出现几次背离后才能确认。因此，MACD 指标的顶背离研判的准确性要高于底背离，这点投资者要加以留意。

案例：2017 年 12 月 5—11 日，以太币美元小时 K 线图和移动平均线

以太币美元价格从 2017 年 12 月 5—7 日连续下降（价格低点下降，向下走），可对应 MACD(5,13,1)却出现背离，方向一浪浪向上走。这时已经出现了反转形态，但还是不能确认，MACD(30,70,5)出现金叉，反转形态加强，7—8 日，均线纠缠一段时间后 5 日均线、10 日均线上破 55 日均线且形成整齐排列，预示后市继续上涨。果然后市继续上涨。

下面再举一个失败的例子：出现了底背离，但是没有均线配合，仍然没有反转的情况。读者可以认真研读，以免将来犯类似错误。

案例：2017 年 9 月 29 日到 10 月 5 日，莱特币美元小时 K 线图和移动平均线

　　莱特币美元价格从 2017 年 9 月 29 日到 10 月 3 日连续下降（价格低点降低，向下走），可对应 MACD(5,13,1)却出现背离，方向一浪浪向上走。这时已经出现了反转形态，但还是不能确认，MACD(30,70,5)出现金叉，反转形态加强，但是 5 日均线、10 日均线始终不能上穿 55 日均线，而且 55 日均线仍然向下，后市不明。此时不应轻易做多，以免造成扫损，果然后市并未上涨，而是继续向下。

16.5　趋势逆转规律总结

　　小白 趋势逆转规律已经讲了很多了，我们是不是总结一下？

　　大鸟 趋势逆转规律的总结：

　　（1）K 线出现反转形态，如头肩顶、头肩底、双重顶、黄昏之星、早晨之星、乌云盖顶、旭日东升、看跌吞没、看涨吞没等形态。

（2）均线发散的距离很远。

（3）MACD 顶背离或底背离。

（4）价格处于某个重要压力位或支撑位附近。

此外，我们要注意以下几点：

（1）以上四种情况出现在越大的周期中越有效（趋势反转的可能越大），若出现在日线及日线以上周期中是很有效的；若出现在日线以下周期中，有效性将大打折扣，出现的周期越小有效性越小。

（2）当趋势要逆转的时候，往往会同时出现以上四种情况，至少会出现两种情况。如果出现以上逆转的情况，我们可以先用小资金建一些战略性的小仓位，静等趋势逆转确认（跌破趋势线或颈线）后再加大仓位。

（3）如果没有出现以上趋势逆转的情况，表明趋势没有逆转仍然在延续，此时我们应该顺势做单。有些事情只可意会不可言传，只能读者自己去领悟了。

第 17 章　入场点

常看到有些老师或网上评论说在某个点位做多，或者在某个点位做空，若突破某个点位再看某个点位……觉得神乎其神。其实，我们也可以做到。现在我们就来学习这种技能。学习完之后，可能有人会说："原来如此简单！"可就是如此简单的技能，很多人却耗费了无数的精力在网上找指标，找理论，去图书馆找书，走过无数弯路，亏损许多金钱，历经大量痛苦。其间艰辛，难以尽言。

小白>入场点是什么呢?

大鸟>入场点就是你决定在哪个点进场下单。

小白>入场的关键是什么?

大鸟>入场的关键在于找准压力位和支撑位，如果是上涨趋势，就在支撑位做多；如果是下跌趋势，就在压力位做空。

小白>那怎么寻找压力位和支撑位?

大鸟>如果要寻找压力位和支撑位，可以尝试使用以下几种方法：

（1）黄金分割线。

（2）盘整形态上下边。

（3）整数位。

（4）时间框架体系。

（5）消息面结合技术面选择入场点。

17.1　黄金分割线

17.1.1　黄金分割线概念

小白 黄金分割线是指什么呢？

大鸟 黄金分割线是一种古老的数学方法，创始人是古希腊的毕达哥拉斯，他在当时十分有限的科学条件下大胆断言：一条线段的某一部分与另一部分之比，如果正好等于另一部分同整个线段的比（0.618），那么这个比例会给人一种美感。后来，这一神奇的比例关系被古希腊著名哲学家、美学家柏拉图誉为"黄金分割率"。黄金分割线的神奇和魔力在数学界还没有明确定论，但它屡屡在实际中发挥着意想不到的作用。黄金分割线最基本的公式是将 1 分割为 0.618 和 0.382。

小白 黄金分割线在数字货币投资上有什么作用呢？

大鸟 当一段趋势结束，我们想知道回调或反抽可能到达的位置，就可以利用黄金分割线进行判断。

黄金分割线是计算强阻力位或强支撑位的一种方法，即人们认为指数或价格运动的阻力位或支撑位会与黄金分割率的一系列数字有关，可用这些数字来预判点位，其中最重要的数字是 0.236、0.382、0.500、0.618、0.764。

黄金分割线提供了一些不容易被突破的阻力位或支撑位，投资者需要确认该阻力位或支撑位是否被突破后再做投资决策，而不是一到阻力位就卖出或一到支撑位就买进。黄金分割线用于预测的周期越长，准确性往往越高。

17.1.2　黄金分割线中的压力位与支撑位

小白 利用黄金分割线，如何判定压力位和支撑位呢？

大鸟 看下图。

在左图中，由一个明显的高点 A 运行到 B 发生反弹，则当反弹到 AB 之间距离的 38.2%，50%，61.8%处时会受到压力，那么这三处就是压力位。

在右图中，由一个明显的低点 A 运行到 B 发生回调，则当回调到 AB 之间距离的 38.2%，50%，61.8%处时会受到支撑，那么这三处就是支撑位。

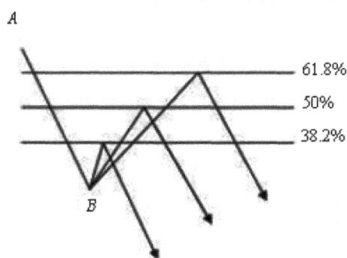

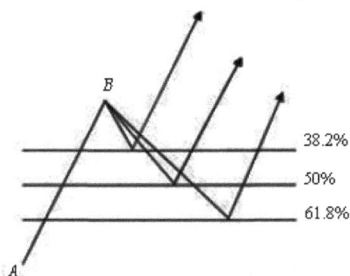

17.1.3　确认趋势结束

（小白）怎么才能确认趋势结束呢？

（大鸟）你必须确认这段趋势已经彻底反转，确认趋势反转的条件有两个。以上升趋势反转为例，其一是不创新高，或者创出新高后未能继续上升且迅速跌回高点下方；其二是跌破上升趋势线。当这两个条件都满足时，我们就认为这段趋势结束了。

17.1.4　高点与低点

（小白）线究竟要怎么画？其实我想问如何取高点和低点，因为所取点位不同，得到的结果也不同。

（大鸟）是的。线的画法有以下两种。

第一种画法：可以从前期最高位画到现在的最低位，以这段趋势的最低点和最高点为起点和终点画黄金分割线。注意：起点即这段趋势的开始点，终点是这段趋势的结束点。

关键在于如何找点位，以及看多长时间的周期图。一般对于交易员来说，应该使用 1 小时或 4 小时图甚至日线，因为数字货币市场波动性较大，如果用短周期图画出的范围区间较小，很容易突破画出的分割线，因此用长周期图比较合适。

第二种画法：找前期的 K 线密集区。从高点的密集区到低点的密集区，这样就可以找到有效的区间阻力与支撑。

17.1.5　压力位往往是一个区域

小白 压力位是一个点吗，比如计算出压力位是 1720，那么就是 1720 点吗?

大鸟 压力位或支撑位是一个区域，不是一个具体点位。假如计算出压力位是 1720，那么 1720 附近的点位（如 1717～1723）都是有效压力范围。取压力位或支撑位时，取一个大概范围就行了，不必过于精确。

17.1.6　关键趋势转折点

小白 黄金分割线中间产生的虚线一共有五条：0.236、0.382、0.500、0.618、0.764。究竟哪一条的作用更大?

大鸟 在下降行情中，如果数字货币价格反弹突破其之前下跌幅度的 38.2%，表明市场有可能形成上升之势；而数字货币价格一旦突破其下跌幅度的 50%，则上升趋势确立。

同理，在上升行情中，如果数字货币价格下降跌破之前上涨幅度的 38.2%，表明市场有可能形成下降之势；如果未能跌破，很可能会出现反抽。

> ### 案例：2018 年 1 月 3 日到 2 月 1 日，比特币美元
> ### 4 小时 K 线图和移动平均线
>
> 比特币美元价格从 2018 年 1 月 8 日高点 16857.98 点一路狂跌到 17 日 9183.63 点，然后出现回调，在 18 日第一次抵达黄金分割 0.382 区域，但是未能突破；再次回调后，29 日再次抵达黄金分割 0.382 区域，但是仍然未能突破，说明阻力点很强，同时观察 K 线，一个小型的 M 顶已经形成，预示后市继续下跌。果然后市跌幅近 5000 点。

50％压力线亦然。

案例：2017 年 12 月 18 日到 2018 年 1 月 17 日，莱特币美元 4 小时 K 线图和移动平均线

莱特币美元从 2017 年 12 月 18 日高点 370 一路狂跌到 22 日 173.78 点，然后出现回调，顺利突破 0.382 区域意味着可以进一步上探 0.5 区域，在 27 日第一次抵达黄金分割 0.5 区域，但是未能突破；再次回调后，2018 年 1 月 5 日再次接近黄金分割 0.5 区域，但是仍然未能突破，说明阻力点很强，同时观察 K 线，一个小型的 M 顶已经形成，预示后市继续下跌。果然后市下跌超百点。

连续两次突破0.5黄金分割线未果，K线形成M顶，预示后市下跌

而价格一旦跌破其上涨幅度的 50％，则表明下降趋势确立。

小白 也就是说 50%是一个趋势确立点？

大鸟 是的。50％更具有特殊意义，用来判定跌势或涨势是否确认。如果有些趋势改变之后，出现在反向运动 50％的附近就回头，极有可能在更大范围内同向趋势将继续。

小白 何时入场合适呢？

大鸟 这一波回调的黄金分割线将目标设在 0.618 处，将止损设在低点下方。如果跌破低点，表明周线上升趋势还没有继续。最后顺利在高点出局。

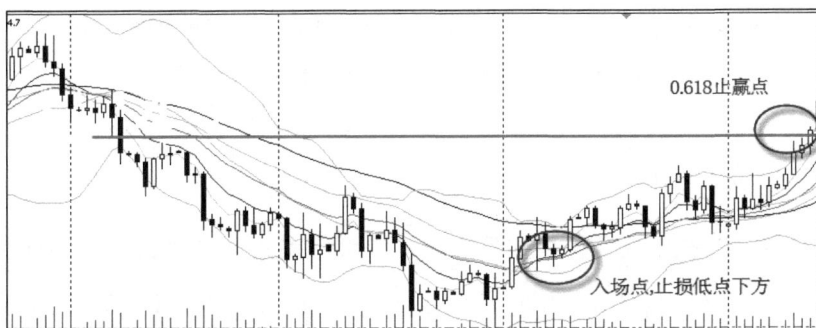

0.618止赢点

入场点,止损低点下方

小白 这是一个概率问题，出现的概率比较大吧？

大鸟 底部 K 线组合经常出现，但底部只有一个，此前出现的都为假信号。区别真假信号，重要的是看它是否到了重要的支撑位。黄金分割位是一个内含支撑，在图表上你可能在这个位置看不到任何高低点或趋势线经过，但价格至此会神奇地止住前进的步伐。这里出现的信号，特别是在 0.618 处出现的信号，真实的概率相当大。

17.1.7　尽量选择大周期

小白 黄金分割线可以应用于任何一个时间框架内吗，如 5 分钟线？

大鸟 理论上来说，黄金分割线可以应用于任何一个时间框架内，但必须参照各周期确定总的趋势，以跟随趋势操作，尽量避免与主趋势相反的操作。比如在日线上升趋势中，你可以趁着日线级别的回调寻找做多机会，但最好不要放空小时线级别的回调。

大周期中的分割线的压力或支撑作用往往强于小周期中的分割线。比如，日线中的分割线的支撑或压力作用强于小时线中的分割线的支撑或压力作用。此外，如果用短周期图来画，你所画出的范围区间较小，很容易突破所画的黄金分割线。

17.1.8　压力位和支撑位互相转化

小白 大鸟，我有一个问题。就是你说的所谓的压力位和支撑位只是一种可能吧？也就是说，有可能行情发展就突破了压力位或支撑位。

大鸟 是的，没错。压力位或支撑位只是表明价格会在这里受到压力或支撑，并不是说不能突破这个压力或支撑，所以我们要结合消息面看技术面。比如按道理来说，50 点是一个强阻力位，但是它还是有可能被突破的。

一个压力位一旦被有效突破，这个压力位就转化为支撑位；反之，若支撑位被有效突破，这个支撑位就转化为压力位。这也是判断压力或支撑的一种有效方法。

案例：2017 年 9 月 18 日到 10 月 2 日，以太币美元小时 K 线图和移动平均线

以太币美元价格从 2017 年 9 月 18 日高点 299.73 一路狂跌到 21 日 251.41 点，

然后出现回调，23 日顺利突破强阻力位黄金分割 0.618 区域（注意：此时阻力位变成支撑位），并在 29 日形成强支撑，之后以太币美元价格继续上涨。

前期低点一旦被突破，则很有可能转化为压力位。

17.2 盘整形态上下边

小白 盘整形态上下边是什么呢?

大鸟 有时候没有明确的趋势,而是处于盘整阶段,那么其盘整区域的上下边就构成了压力或支撑。

小白 盘整形态分为几种呢?

大鸟 盘整形态分为三种:三角形盘整、箱型盘整、旗形盘整。

需要注意的是,这些盘整形态多为中继形态,也就是盘整完后价格多数情况下会按照原来的方法前进,只有少数情况下会发生趋势逆转。比如旗形盘整发生在上涨趋势中,整理完后价格继续上涨。把握这个特点对我们很有好处,因为我们可以顺势做单。我们可以在价格靠近旗形下边时做多(顺势),在价格靠近旗形上边时不做空(逆势)。只做顺势,不做逆势。

17.2.1 三角形盘整

小白 三角形盘整是指什么呢?

大鸟 三角形盘整形态主要分为三种:对称三角形、上升三角形和下降三角形。第一种有时也称为"正三角形",后两种合称为"直角三角形"。

1. 对称三角形

小白 对称三角形是指什么呢?

大鸟 大幅上涨或下跌后的盘整,价格的高点逐渐降低,价格的低点逐渐抬高,形成正三角形。

下图是对称三角形的一个简化图形,原来的趋势是上升,所以,三角形完成以后应该还是突破向上。从图中可以看出,对称三角形有两条聚拢的直线,上面的直线向下倾斜,起压力作用;下面的直线向上倾斜,起支撑作用。两条直线的交点称为"顶点"。正如趋势线的确认要求第三点验证一样,对称三角形一般应有六个转折点(如图中的 A、B、C、D、E、F),这样上下两条直线的支撑和压力作用才能得到验证。

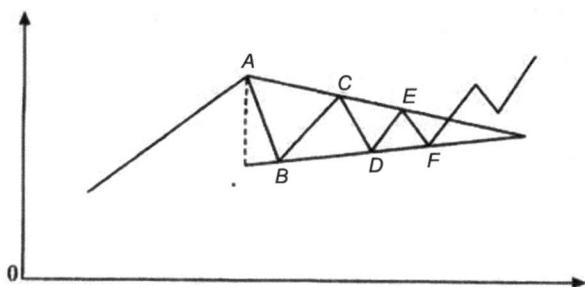

对称三角形只是原有趋势运动途中的休整状态，所以持续的时间不会太长。若持续时间太长，保持原有趋势的能力就会下降。一般来说，突破上下两条直线的包围，继续原有既定方向的时间要尽量早，越靠近三角形的顶点，三角形的各种功能就越不明显，对投资的指导意义就越不强。根据经验，突破的位置一般应在三角形横向宽度的 1/2～3/4 的某个位置。三角形的横向宽度指三角形的顶点到底边的高度，如果数字货币价格不在预定的位置突破三角形，那么这个对称三角形形态可能转化成别的形态。

对称三角形被突破后，下面以原有的趋势上升为例介绍两种测算价位的方法。

小白 哪两种方法？

大鸟 方法一：如下图所示。

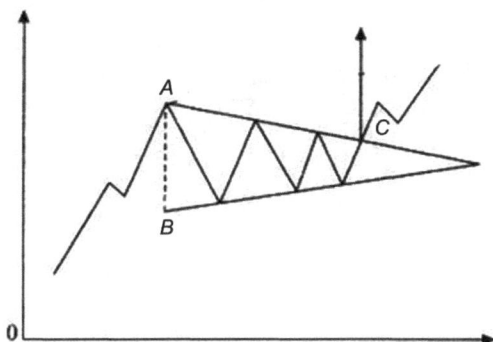

从 C 点向上带箭头直线的高度，是未来数字货币价格至少要达到的高度。箭头直线的长度与 AB 连线的长度相等。AB 连线的长度称为对称三角形的高度。

从突破点算起，数字货币价格至少要运动到与对称三角形形态高度相等的距离。

案例：以太币美元 2017 年 10 月 6 日后的行情

从 2017 年 10 月 6 日起，以太币美元小时线进入正三角形形态，并且在 13 日成功突破了对称三角形的顶边，随后以太币美元价格一路上行。从突破点算起，预计以太币美元价格至少要运动到与对称三角形形态高度相等的距离。

方法二：如下图所示。

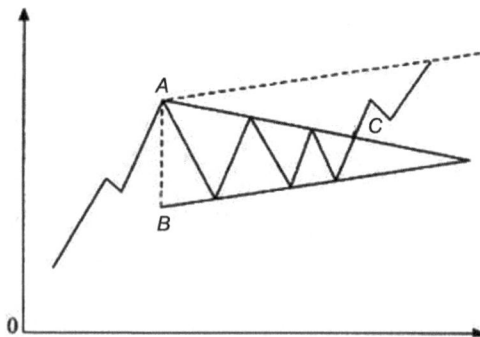

过 A 点作平行于下边直线的平行线，即图中的斜虚线，这是数字货币价格今后至少要达到的位置。

案例：以太币美元 4 小时线，2017 年 6 月 8 日后的行情

以太币美元 4 小时线从 2017 年 6 月 8 日开始进入了正三角形形态，并且在 24 日成功突破了正三角形，随后以太币美元价格一路下跌。从突破点算起，运动到与上边的平行线至少相等的距离。

从突破点算起，运动到与上边平行线至少相等的距离

从几何学上可以证明，用这两种方法得到的两个价位绝大多数情况下是不相等的。前者给出的是一个固定数字，后者给出的是一个不断变动的数字，达到虚线的时间越迟，价位就越高。这条虚线实际上是一条轨道线。方法一简单，易于操作和使用；方法二更多地是从轨道线方面考虑的。

另外，虽然对称三角形一般是整理形态，但有时也可能因出现在顶部或底部而导致大势反转，这是三角形形态在实际应用时要注意的问题。

2. 上升三角形

小白 上升三角形是指什么呢？

大鸟 上升三角形是对称三角形的变形。这两种三角形的下方支撑线都是向上发展的，不同的是上升三角形的上方阻力线并非向下倾斜的，而是一条水平直线。

我们知道，上边的直线起压力作用，下边的直线起支撑作用。在对称三角形中，压力和支撑都是逐步加强的。一方是越压越低，另一方是越撑越高，看不出谁强谁弱。在上升三角形中就不同了，压力是水平的，始终都一样，没有变化，而支撑是越撑越高。由此可见，上升三角形和对称三角形比起来有更强烈的上升意识，多方比空方更积极，通常以三角形的向上突破作为这个持续过程终止的标志。

如果数字货币价格原来的趋势是向上的，遇到上升三角形后，向上突破的概率较大。一方面要保持原有的趋势，另一方面形态本身就有向上的愿望，股价逆大方向而动的可能性很小。

如果数字货币价格原来的趋势是下降的，出现上升三角形后，前后数字货币价格的趋势判断起来有些难度。一方要继续下降，保持原有的趋势，另一方要上涨，两方必然发生争执。在下降趋势处于末期时（下降趋势持续了相当一段时间），出现上升三角形还是以看涨为主。这样，上升三角形就成了反转形态的底部。

同样，上升三角形在突破顶部的阻力线时，必须有大成交量的配合，否则为假突破。突破后的升幅量度方法与对称三角形相同。下图是上升三角形的简单图形表示及测算方法。

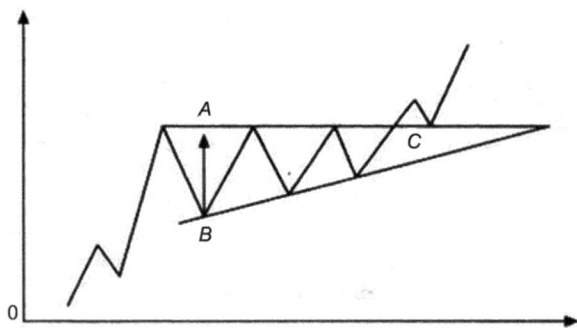

案例：2017 年 7 月 19 日到 8 月 15 日，比特币美元
4 小时 K 线图和移动平均线

比特币美元小时线从 2017 年 7 月 19 日开始进入上升三角形形态，并且在 8 月 5 日成功突破了上升三角形，随后价格一路上扬。

（小白）若出现上升三角形，价格有没有可能下跌呢？

（大鸟）有可能。如果价格突破上升三角形底边，下降的可能性比较大，这时要结合技术面和消息面一起来查看。

案例：比特币美元 2017 年 12 月 15 日后的行情

比特币美元 4 小时线从 2017 年 12 月 20 日开始进入上升三角形形态，但在 2018 年 1 月 12 日突然突破了底边，同时均线整齐向下排列。而且，受监管严格影响，比特币进一步受到打压。

比特币美元价格突破上升三角形底边后一路下跌。

突破上升三角形底边，同时均线整齐
向下排列，预示后市继续下跌

3. 下降三角形

小白 下降三角形是指什么呢？

大鸟 下降三角形同上升三角形正好反向，是看跌的形态。它的基本内容同上升三角形可以说非常相似，只是方向相反。这里要注意的是：下降三角形的成交量一直十分低沉，突破时不必有大成交量配合。另外，如果数字货币价格原来的趋势是向上的，则遇到下降三角形后，对趋势的判断有一定的难度；但在上升趋势的末期，如果出现下降三角形，可以将其看成反转形态的顶部。下图是下降三角形的简单图形。

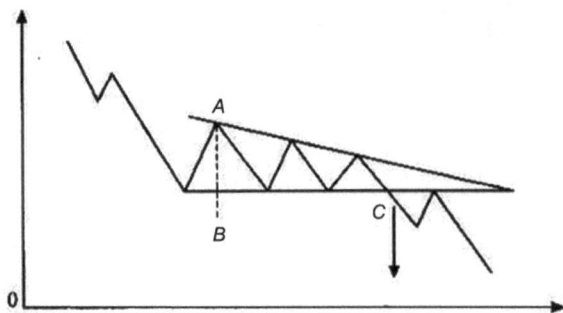

案例：2018 年 1 月 3 日到 17 日，达世币美元
小时 K 线图和移动平均线

达世币美元小时线从 2018 年 1 月 3 日开始进入了下降三角形形态，并且在 15 日成功突破了下降三角形底边，同时均线黏合向下发散形成了整齐排列，随后达世币美元价格一路下跌。

17.2.2 箱形盘整

小白 箱形盘整是指什么呢？

大鸟 所谓箱型盘整（又称箱型整理、矩形整理），是指大幅上涨或下跌后的盘整，价格的高点和低点连成两条平行的水平线。

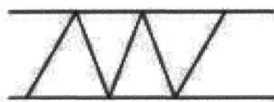

箱形盘整是数字货币价格在箱子的两层夹板之间来回运动。上方水平的阻力线是主力预定的洗盘位置，下方水平的支撑线是护盘底线，在盘面上，我们可以看到数字货币价格偶尔会跌破支撑线，但又迅速回到支撑线之上，这可能是主力试探市场心态的方法。如果一个重要的支撑位跌破之后，市场并不进一步下挫，预示市场的抛压已尽，没有能力进一步下跌。

当数字货币价格向上突破箱型之后，根据经典理论，数字货币价格的上升空间至少是箱型本身的高度，在实际操作中会有一些出入，但有一点可以肯定，即大的箱型形态比小的可靠得多。数字货币价格来回震荡的次数可多可少，这取决于市场的需要。震荡的次数越多，说明市场的浮码清洗得越彻底，在实战中，完全标准的箱型并不常见，数字货币价格走势常常在整理的末段发生变化，并且发生突破。

案例：2017 年 12 月 29 日到 2018 年 1 月 12 日，达世币美元小时 K 线图和移动平均线

2018 年 1 月 12 日，达世币美元价格成功突破了箱形整理面底边。注意，此时 5 日均线、10 日均线下破 55 日均线，并形成整齐排列，预示下降通道已经打开，后市继续下跌。之后，达世币美元价格暴跌 400 点。

突破了箱形整理面底边，5日均线、10日均线下破55日均线

17.2.3　旗形盘整

小白 旗形盘整是指什么呢?

大鸟 旗形盘整是指价格大幅上涨或下跌后的盘整,价格的上下边连成两条倾斜的水平线。旗形形态通常出现在急速而又大幅波动的市场中,走势的形态就像一面挂在旗杆顶上的旗帜,股价经过一个稍微与原趋势运行呈相反方向倾斜的平行四边形整理运动,这就是旗形形态。旗形形态又可分为上升旗形和下降旗形。

1. 上升旗形

小白 上升旗形是什么样的呢?

大鸟 数字货币价格经过一段短暂的飙升后,小幅回调后便开始反弹,反弹没有创出新高又出现回落。数字货币价格如此往复下移,将这些略微下倾的整理运动的高点和低点分别连接起来,就可以画出由两条右下倾平行线组成的平行四边形,这就是上升旗形运动。

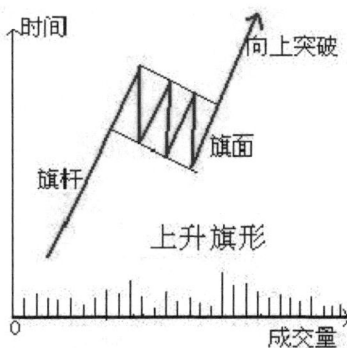

> **案例:2017 年 9 月 18 日到 11 月 9 日,达世币美元**
> **4 小时 K 线图和移动平均线**
>
> 2017 年 11 月 7 日,达世币美元价格成功突破了上升旗形顶边, 5 日、10 日均线强势上破 55 日均线。预示上升通道已经打开,此时可以逢 5 日、10 日均线做多。

5日均线

10日均线

55日均线

突破上升旗形顶边，同时5日、10日
均线强势上破55日均线

2. 下降旗形

小白 下降旗形是什么样的呢?

大鸟 下降旗形与上升旗形正好相反，短期股价形成一个略微上倾的整理运动，将高点和低点分别连接起来，就可以画出由两条右上倾平行线组成的平行四边形，这就是下降旗形运动。

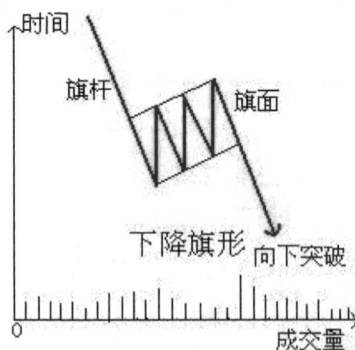

案例：2018 年 1 月 26 日到 2 月 2 日，以太币美元
小时 K 线图和移动平均线

2018 年 2 月 1 日，以太币美元价格成功突破了下降旗形底边，5 日、10 日均线强势下破 55 日均线，预示下降通道已经打开，可以逢 5 日、10 日均线做空。

17.3　整数位

[小白] 整数位是指什么呢？这个整数是数学意义上的整数吗？

[大鸟] 不是，这里的整数是指整百、整千这样的数，比如 1400、1600、2000 点这样的关口。人们一般认为整数不容易被突破或跌破，从而使得整数价位不容易被突破或跌破。

[小白] 整数位具有压力或支撑作用吗？

[大鸟] 当数字货币的价格波动到一个整数位时，许多投资者会选择先平仓出来，于是价格会在这里受到支撑或阻力。如果我们从 6980 点做空比特币美元到 6000 点整数位附近时，应该尝试减仓或部分平仓。

**案例：2018 年 1 月 25 日到 2 月 20 日，比特币美元
4 小时 K 线图和移动平均线**

2018 年 1 月 29 日以来，比特币美元价格震荡下行，并于 2 月 6 日抵达 6000
点整数位，短暂突破后迅速回撤，此时形成早晨之星。此后，5 日、10 日均线形
成金叉，并逐渐上涨。2 月 14 日，价格上破 55 日均线，预示后市继续上涨。

〔小白〕整数位难道不会被突破吗？

大鸟 当然有可能被突破。如果价格突破了整数位，势必会继续下探（上升）。
还是上面的例子，如果价格有效突破 8000 点、7000 点，我们可以继续择机做空。

17.4 时间框架体系

17.4.1 多重时间框架分析

〔小白〕什么是多重时间框架分析？

大鸟 简单来说，就是在不同的时间框架内，研究相同的货币对走势。在技术图形上，价格可以在不同的时间框架下显示：日图、小时图、4 小时图、15 分钟图，甚至 1 分钟图。这意味着两名不同的交易者对数字货币的走势有各自不同的看法，但他们的观点都有可能是正确的。

张三可能看到数字货币在 4 小时图上呈现出下跌走势，但李四从 5 分钟图上看到数字货币价格只是在上下来回波动。他们都有可能是正确的。

这就引发了一个问题。当我们分析 4 小时图时，图形发出的是卖出信号；当我们观察小时图时，则发现数字货币价格在缓慢走高，这很容易让交易者迷惑。此时，你应该怎么做呢？只凭借单一时段的技术图形来判断数字货币价格走势，而不考虑其他时段的走势情况吗？

小白 难道分析一种技术图形还不够吗？

大鸟 在解答你的疑问之前，我们先做一个"做多或做空"的游戏吧，这个游戏将向你说明为什么应该对不同时间框架的图形进行分析。这个游戏很简单：你看着图形，并决定是做多还是做空。让我们看看比特币美元 15 分钟线 2017 年 12 月 22 日 22 时的情况，在图形上选取了 55 日移动均线，该线看上去正可以作为阻力位而保持稳定。

小白 显然是做空嘛，因为 55 日均线长期压制 K 线。

大鸟 但是，接下来发生什么了呢？比特币美元收于该均线阻力上方，并进一步上涨。

小白 这是什么原因呢？

大鸟 到底发生什么事情了？还是看看 1 小时图上比特币美元价格到底发生了什么变化吧。

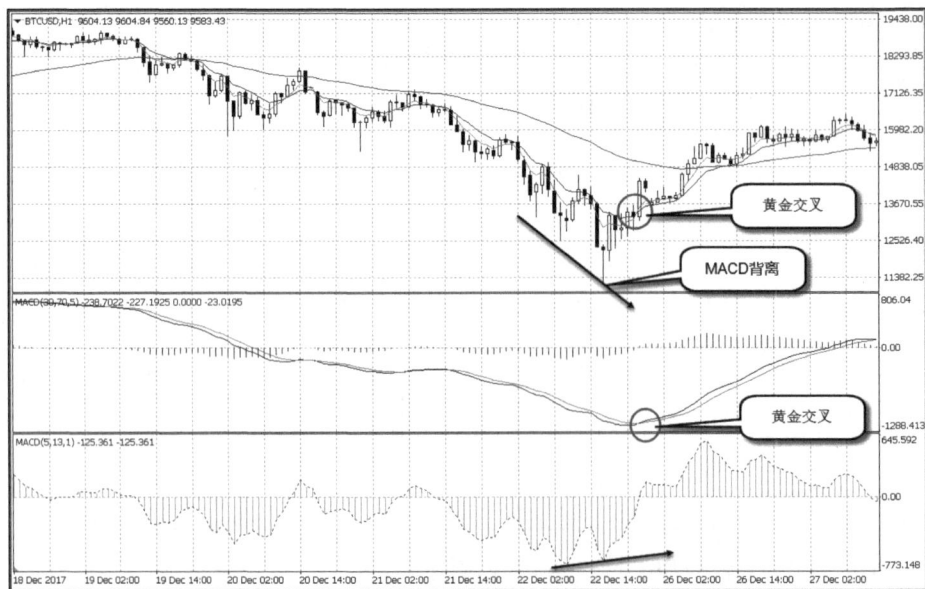

如果你一直在观察 1 小时图，可能已经注意到了，比特币美元实际上处在 MACD(30,70,5)交叉线的地方；MACD 交叉线意味着反弹。此外，在 MACD(5,13,1) 线上出现了 MACD 背离，更重要的是，就在通道下轨支撑线的上方，已经形成锤子线形态，这可是非常明显的买入信号。而且，5 日均线已经上穿 10 日均线，上涨的信号显示非常明显。

这些图形都是在相同的时间显示的相同的数据，它们的不同之处仅仅在于所选取的时间框架不同。现在，你了解了观察多时间框架的重要性了吧！

(小白) 我好像有点懂了。

(大鸟) 你之前只是通过 15 分钟图来进行交易，可能永远也不会理解，为什么当一切看上去都非常良好时，市场走势会突然停滞或转向。我们始终没有转换思路，将目光转向更大的时间框架上看看到底发生了什么。

当 15 分钟图显示市场确实处于停滞或反转状态时，这通常是因为数字货币价格在更大的时间框架上遇到了阻力或支撑。我们在交了大量的学费后才了解到，时间框架越大，数字货币价格持稳于某一支撑位或阻力位的概率就越大。进行多时间框架交易，很可能让我们避免出现在单个时间框架下交易所造成的更多损失。它让你在交易中站稳脚跟的时间更长，因为你有能力鉴别，相比于更大的时间框架，数字货币价格在短时间框架所处的位置。绝大多数初学者只关注单个时间框架，却忽视了其他时间框架。这样做的问题在于，当一个新的趋势在更大时间框架下形成时，只关注某一较小时间框架的交易者很可能遭受损失。

17.4.2　选择时间框架交易

(小白) 那么应该选择哪一个时间框架交易呢？

(大鸟) 新手进行数字货币交易的效果并不那么理想的原因之一在于，他们通常会选择比较小的时间框架，诸如 1 分钟图或 5 分钟图进行交易。在进行交易时，他们会感到措手不及，因为这并不适合他们。

有一些交易者认为最合适的是在 1 小时图上进行交易。小时图的时间范围要更长，但也不是很长；交易信号会更少，但也不是很少。在该时间框架下进行交易，将有更多的时间分析市场行情，不会感到措手不及。我认识的一位高手也不大喜欢在小时图上进行交易，他认为价格在小时图上的形态变化太快，只在日图、周图及月图上进行交易。

（小白）那最适合我的交易时段是什么？

（大鸟）这取决于你自身，你必须适应正在进行交易的时间框架，即使这样，当你真正进行交易时也会感到一些压力或挫败感，因为你是在进行实盘交易，这是不可避免的。但是，你的压力不应该源于价格形态变动太快，以至于你难以做出交易决策，或者因形态变动太慢而产生挫败感。

当我们开始进行交易时，不应仅仅限定在某一特定的时间框架下，可以从 15 分钟图开始，再看 30 分钟图，然后尝试看一下小时图及 4 小时图，直到找到适合自己的交易时间框架。这也是为什么我们建议你首先进行模拟交易，通过不同时间框架的模拟交易后，找出最适合自身的时间框架。

如果你喜欢以较慢的节奏来处理事情，在每一次交易中总是从容应对，可能更长时间框架的交易会比较适合你。如果你喜欢刺激、快进快出的交易风格，那么应该选择在 15 分钟图形中进行交易。

（小白）看来两者各有利弊。

（大鸟）是，同时必须考虑你所交易的资本账户规模。较短线交易能够让你更好地利用保证金，并设置更紧的止损。更长时间框架的交易需要设置更宽幅度的止损，因此，对交易账户中资金规模的要求更高，只有这样你才可以避免因市场的过度波动而追加保证金的情况出现。

你需要记住的最重要的事情是，无论你选择在哪个时间框架下进行交易，都需要选择适合你的，否则交易的时候就会问题多多。

这也是为什么我建议你进行一段时间的模拟交易，你应该在这段时间充分尝试多重时段交易，以找到最适合自身的交易时段，这将帮助你做出最佳的交易决策。

当你最终确定了所偏好的交易时间框架时，也就意味着你享受交易乐趣的时光到来了。这时，你将开始利用多时段框架来帮助你分析市场走势。

17.4.3 多重时间框架的几个注意要点

（小白）看来时间框架组合确实威力无穷。

（大鸟）我一般喜欢使用三重时间框架，因为通过三重时间框架分析我能够对数字货币价格的长期、中期及短期趋势有一个全面了解。

（1）长期时间框架确定价格的主要趋势，它将展示数字货币价格总体走势状况。

（2）中期时间框架是我最常用的时间框架，它能够为我们提供中期买入或卖出的信号。

（3）短期时间框架显示的是价格短期趋势，它能够帮助我们找到真正的入场和出场点位。

你可以使用任何觉得合适的时间框架，前提是你所选择的时间框架之间不能太远也不能太近。下面我推荐几种常见的时间框架组合：

（1）1 分钟、5 分钟和 30 分钟。

（2）5 分钟、30 分钟和 4 小时。

（3）15 分钟、1 小时和 4 小时。

（4）1 小时、4 小时和日图。

（5）4 小时、日图和周图。

小白 有什么注意要点吗？

大鸟 以下是一些你应该记住的建议：

（1）你必须确定适合你的正确时间框架。为了确定适合自身的时间框架，你需要尝试在不同的市场环境下使用不同的时间框架，对你的交易结果进行记录，分析这些结果并找出最适合你的交易时间框架。

（2）一旦你找到了偏好的时间框架，请先打开更长时间框架的图形，基于价格在更长时间框架下的形态走势确定是做多还是做空。随后，再次转向你所偏好的时间框架（或更短时间框架），以确定入场和退出策略（设置止损和获利目标）。

（3）确保进行一定的交易练习。不要在进行交易的时候，还不知道切换不同时间窗口的按钮。你应该知道如何在不同时间窗口之间快速切换，也应该学会使多重时间窗口在屏幕上同时显示。

（4）不要关注过多的时间框架，过多的时间窗口信息会让你力不从心。我们的建议是，至少观察两个时间框架下的图形，最多不超过三个。因为你观察的不同时间框架图形越多，困惑就会越大，分析将会陷入停顿，你也将走向疯狂。

17.5　消息面结合技术面选择入场点

小白 消息面结合技术面的交易选择入场点的方法是什么呢?

大鸟 消息面结合技术面的交易有两种方法:方向性交易和非方向性交易。

17.5.1　方向性交易

小白 方向性交易是指什么呢?

大鸟 方向性交易意味着,你预计一旦消息面报告公布,市场会沿着某一特定方向波动。当我们寻找某一方向的交易机会时,知道消息面报告的什么因素造成了市场的波动很重要。

小白 具体应该怎么做呢?

大鸟 在一份新闻报告公布的数天甚至数周之前,分析师们会对要公布的报告数据进行预测。我们之前讨论过,不同分析师之间的预测数字并不完全相同,但是,总有一个数字是绝大多数分析师都普遍认同的,这就是我们在财经日历上看到的"预期值"。当某一报告公布时,最终公布的数据被称为"实际值"。

买谣言,卖新闻——这在数字货币市场上是广为流传的一句话,因为在通常情况下,当某一新闻报告公布时,市场的走势情况和你相信报告将导致的走势方向并不匹配。预期值和实际值之间存在以下三种情况。

1）实际值和预期值一致

比如，市场预计美国失业率将上升，假设上个月的美国非农就业人数是 8.8%，而市场预期的失业率为 9.0%。

由于预期值为 9.0%，这意味着所有的大型市场参与者都预计美国经济会进一步走软，结果就是美元走软。在这一预期下，大型的市场参与者在报告最终公布之前并不会采取观望态度。他们会提前采取行动，并卖出美元买入数字货币。

现在，假如实际公布的失业率数据和预期一致（为 9.0%），作为一名数字货币交易者，你看到这一数据后会想，"好的，数据确实糟糕，现在是时候做空美元了！"

不过，当你在交易平台上准备着手做空美元时，发现市场并没有完全按照你认为的方向走。这是因为，大型的机构参与者在报告公布之前，已经对他们的头寸进行了调整，而在报告公布之后，他们已经选择了获利回吐。

2）实际值好于预期值

这次设想一下实际公布的失业率为 8.0%。市场参与者此前预计失业率将会升至 9.0%，不过最终公布的数据却显示失业率出现下降，这表明美元会走强、数字货币会走弱。

在你的图形上会看到美元全盘大幅上扬，以及数字货币大幅下跌，因为大型的市场参与者此前并没有料到这一情况会发生。由于报告已经公布，而且最终公布的数据和此前预计的数据存在较大差异，他们都试图以最快的速度对其仓位进行调整。

3）实际值差于预期值

如果最终公布的数据为 10.0%，美元就不会上涨，而是大幅跳水。由于市场预计失业率为 9.0%，但是实际失业率高达10.0%，大型机构投资者将更多地卖出持有的美元。因为美国经济状况较之前预计的更疲软，数字货币会因此上涨。

对数据的预期值和实际值的分析，能够帮助你更好地衡量哪些新闻报告实际上会导致市场波动，以及市场选择的方向如何。

小白 让我们再回到美国失业率的例子。前面我们说明了，如果实际数据和预期一致或略微好于预期可能出现的情况。这将对美元造成什么影响呢？

大鸟 我只能说，如果只是略微好于预期的情况，则要参考的数据更多些，美元可能出现的一种走势情况是下跌。

小白 你没说错吧？如果失业率下降，美元不是应该上涨吗？

大鸟 下面就说说为什么更多的人就业，美元仍有可能下跌。

第一个原因是美国经济的长期和总体趋势仍处于下行态势。记住，有数个基本面因素会对经济的强弱状况产生影响。尽管失业率下降，但这仍不足以改变交易者对美元的总体看跌的观点。

第二个原因就是促使失业率下降的原因。可能失业率的下降正好出现在感恩节假期的用工高峰之后。这段时间，很多公司通常会增加招聘，以应对突然增多的购物者。就业人数的增加可能在短期内导致失业率下降，但是这并不能改变美国经济的长期前景。

利用更精确的方法来衡量失业状况的方法是用去年的数据和今年的数据相比，这能够让你看到就业市场整体情况是有好转还是并未好转。

我们需要谨记的一点是，在快速做出交易决定之前，始终要回看一下总体的经济态势。

小白 我大概明白了，有具体的案例吗？

大鸟 为简单起见，我们还是用失业率做例子。在报告公布之前，你首先需要做的事情是看一下失业率的运行趋势，以判断失业率是一直上升还是一直下降。通过对失业率走势情况的分析，你能够对未来的走势有一个大致的看法。

假设失业率一直稳定上升，6个月前失业率为6%，而上个月失业率下降到3%。你现在可能很自信地认为就业人数正在持续上升，因此失业率持续下降的概率会非常高。鉴于你预计失业率会下降，可以开始准备做多美元做空数字货币。

就在失业率报告公布之前，至少是20分钟之前，你观察了数字货币的走势，发现数字货币价格处于区间波动中，此时应注意看区间的高点和低点，它们将成为突破点。注意：波动的区间越小，数字货币价格出现较大波动行情的倾向越大。

由于你预计数字货币价格将走软，对数字货币可能出现的下行突破行情会表示特别关注。所以，你采取的较为合理的策略是将入场点设在下突破点一线下方水平。

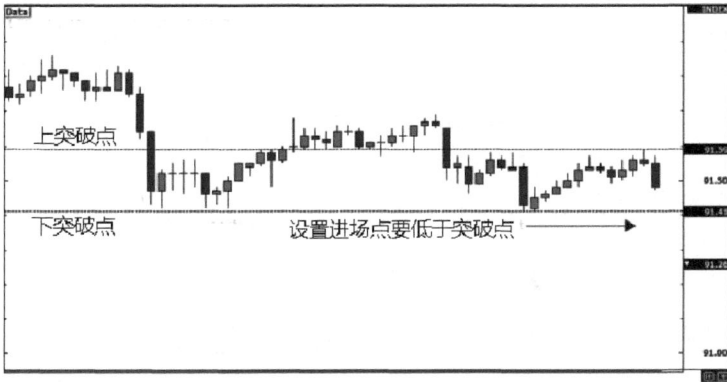

你也可能将止损点设在上突破点水平，并将第一获利目标设在和突破点区间相同点数的水平。

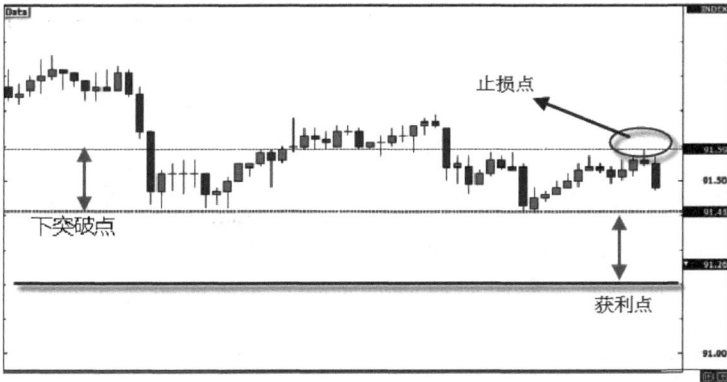

这将对你的交易起到一定作用，因为你已经建立起看跌数字货币的交易模型，现在需要做的就是看着交易完成，看到数字货币达到你所设定的目标水平。你已经捕获了大把的获利！庆祝吧！

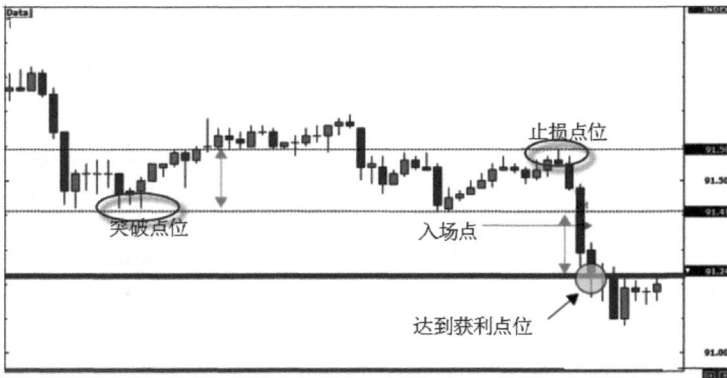

进行方向性交易的核心在于，你必须完全理解打算交易的新闻报告背后的信息。如果你不能理解即将公布的新闻报告将对特定货币产生何种影响，那么你所建立起来的交易模型可能会很糟糕。

17.5.2　非方向性交易

小白　非方向性交易是指什么呢？

大鸟　这一方法忽视市场的方向性波动，只是基于这一事实，即重要的消息面报告将导致市场大的波动，至于市场会朝哪一方向波动并不重要。

这就是说，一旦市场朝着任一方向波动，你都有入场交易的应对计划，不需要有任何看高或看空的倾向，故称为非方向性交易。

我们首先需要考虑的是需要交易哪类消息。在本书的前半部分，我们讨论了能够引起市场最大波动的消息面，因为在这些新闻报告公布后，很可能引发市场的巨大波动。

接着，你需要做的是在实际新闻公布至少 30 分钟之前观察数字货币价格的交易区间。这一区间的高点很可能就是数字货币价格的上行突破点，而区间的低点则可能就是下行突破点。值得注意的是，数字货币价格波动的区间越窄，消息报告公布后引发的波动可能越大。

突破点将是你的入场点位，该水平是你打算设置订单的价格水平。而且，你的初始获利目标应该和突破点形成的区间幅度相同。这就是我们说的跨期交易——无论价格朝哪一方向波动，你都有机会进行交易。

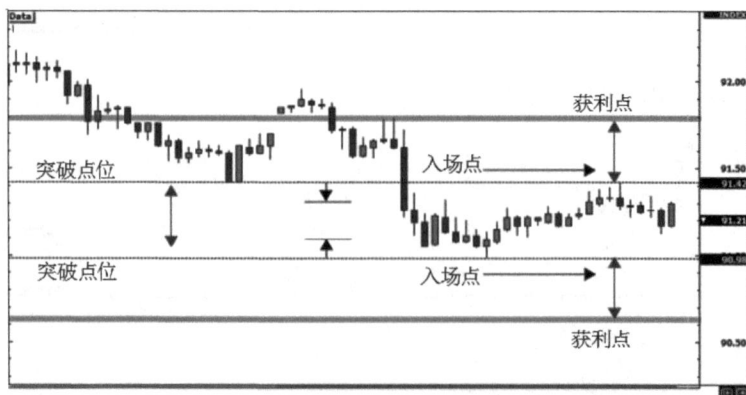

鉴于你已经做好了在任一方向入场的准备，现在需要做的只是等待新闻公布。有时候，价格最初可能朝着某一方向波动，但你却发现你被打止损出局，因为价格随后快速朝着相反的方向波动。然而，你之前所设的另一入场订单可能触发，如果你在这张订单的交易中获胜，应该能够弥补初始损失，最终会有少量获利。

最好的情况是，价格只触发你所设定的一张订单，而且价格持续沿着有利于你的方向波动，这样就不会有任何损失。不管价格朝哪一方向波动，如果操作得当，你都有可能实现获利。

非方向性交易如此吸引人的一个原因是，它消除了市场情绪的影响——当波动开始时，你想要的只是获利。这允许你利用更多的交易机会实现获利，因为，你所设定的订单可能在任一方向触发。

这里需要注意的一点是，在你能够感觉到哪些消息面报告将引发市场波动；和预期相差多大的数据能够引发市场波动；哪些报告要避免交易之前，需要进行练习，并针对一些报告进行交易。和其他的交易方法一样，你的成功也建立在良好的准备之上。你需要做足功课，并针对经济指标进行学习，以明白为什么这些指标是重要的。记住一句话：樱桃好吃树难栽。所以，一旦你掌握了消息交易的思想，并将它运用自如，你将发现进行消息交易会带来巨大的收益。

第 6 部分　点位的精准计算

第 18 章　出场点与止损点

设立一个理想的止损点，除了可以防范发生重大亏损，也要允许发生一些不利走势，这样才不会让正确点位止损出场。止损点设定得太紧密，会造成没有发展为成功交易的空间。至于出场点，我们主要是用迪纳波利点位公式计算出来的。

18.1　迪纳波利点位公式

小白 如何计算出场点呢？

大鸟 若价格先从一个明显的高点或低点 A 运动到点 B，又折返到点 C，再按原来的方向运动到点 D，则点 D 有三个可能的点位，可以用迪纳波利点位公式计算出来。

（1）$D1 = C + 0.618 \times (B - A)$

（2）$D2 = C + 1 \times (B - A)$

（3）$D3 = C + 1.618 \times (B - A)$

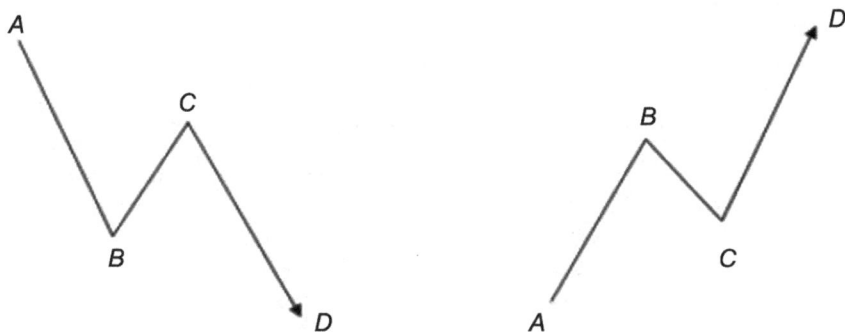

在这三个可能的点位中，第二个点位经常出现，约占 70%的概率。实际运用时要根据行情的强弱、所处的状态和位置等实际情况来确定究竟选择哪个可能的点位。

小白 如何找准点 A、B、C？

大鸟 点 A、B、C 是明显的高点或低点。以下图为例，A 点为 1327；B 点为 1344；C 点为 1337，则计算出：

$D1＝C+0.618×(B-A)＝1337+0.618×(1344-1327)＝1347$

$D2＝C+1×(B-A)＝1337+1×(1344-1327)＝1354$

$D3＝C+1.618×(B-A)＝1337+1.618×(1344-1327)＝1365$

计算出来的点位会有一定的误差,如果我们取 $D2$,那么 1354 点与实际的 1352 点仅差 2 点,已经比较精确了。

再看下图，A 点为 1338；B 点为 1352；C 点为 1338，则计算出：

$$D1 = C + 0.618 \times (B-A) = 1338 + 0.618 \times (1352-1338) = 1347$$

$$D2 = C + 1 \times (B-A) = 1338 + 1 \times (1352-1338) = 1352$$

$$D3 = C + 1.618 \times (B-A) = 1338 + 1.618 \times (1352-1338) = 1361$$

如果我们取 $D3$，那么 1361 点与实际的 1363 点仅差 2 点，同样十分精确。

小白 这三个点位到底选哪个呢？

大鸟 通过上面的实例我们发现，在实际运用中，有时候取 $D1$，有时候取 $D2$，有时候取 $D3$，具体取哪个点位要根据行情强弱及压力支撑来决定。

若行情较弱取 $D1$；若 $D3$ 处有一个很大的压力，而 $D1$ 和 $D2$ 处不是压力位，或者是一个较小、较容易突破的压力位，同时行情受到消息面刺激，比较强势，则取 $D3$；一般情况时取 $D2$。

18.2 止损点

小白 说完了出场点，我们再来谈谈止损点的设置。如果莱特币在 1795 点做空，止损点设在哪里？

大鸟 这没有统一的答案。但是如果是我，我会把止损点设在 1805 点。因为 1795 点面临 1800 点整数位压力，这是一个很关键的压力。那么能不能把止损点设在 1800 点后方附近，比如 1802 点、1803 点这样的位置呢？不能，因为压力是一个范围，不是一个具体的价格，1800 点附近都是有效压力范围。如果价格稍微超过 1800 点，并不能认为突破了 1800 点这个压力位。如果止损点设在 1802 点这种很靠近 1800 点的位置，那么就可能被白白扫损。价格可能会稍微超过 1802 点，把你的空单止损扫掉，又回到 1800 点以下，再大跌下去，这时你肯定肠子都悔青了。但是如果价格涨到 1805 点，因为突破了 1800 点这个关键压力位比较多，多头会受到鼓舞，很可能会使价格继续上涨，从而大幅突破 1800 点整数位压力，使得 1800 点压力位被有效突破，从而继续上涨。所以，我把止损点设在 1805 点，如果到达这个价格，我就认输。我的止损点虽然设得比较大——10 美元，但这样设置是正确的，如果我的做单方向没有错，赚取的利润至少是 50 点。

　　还可以采用前期低点/高点做止损点。看下面某数字货币小时线图，我当时注意到 MACD(30,70,5)金叉已经形成，同时均线呈现整齐排列，并且 K 线呈现红三兵。所以我在此做多，止损点设置为上一个 MACD 死叉到金叉之间区域的最低点。把它作为止损点是因为前期低点往往是支撑点，如果支撑点被突破，我就认输。不过后市顺利上涨 20 点。

　　再看下面某数字货币小时图，我当时注意到 MACD(30,70,5)死叉已经形成，而且均线距离比较远，同时 5 日均线开始下破 10 日均线，并且 K 线三只乌鸦出现。所以我在此轻仓，止损点设置为上一个 MACD 金叉到死叉之间区域的最高点。把它作为止损点是因为前期高点往往是压力点，如果压力点被突破，我就认输。不过后市顺利下跌 30 点。

第7部分　执行面

第19章　做单原则

投资界有句名言：趋势为王。如果趋势做对，即使进场点位不够好也能赚钱；如果趋势做反，即使进场点位再好也很容易亏钱。逆趋势做单就像抢银行，虽然进场点和出场点等都计划得很周密，但成功率太小，风险太大，得不偿失。此外，除了顺势操作，我们还要注意控制仓位和耐心拿单。

19.1　顺势操作

小白 如果趋势将要发生转折该怎么办呢？

大鸟 如果趋势将要发生转折，可以轻仓建立战略性的仓位，或者离场观望。

小白 如何判断趋势将要发生转折？

大鸟 可以通过以下四点进行判断：

（1）MACD 背离。

（2）K 线出现反转形态。

（3）均线分开很远。

（4）价格到达某个重要的支撑位或压力位。

如果能满足前两点，那么趋势转折的可能性较大；如果还能满足第三点或第四点，那么转折的可能性更大。

小白 之前你讲过看盘的五把利器（K 线、趋势线、黄金分割、MACD、均线），但是我们怎么用它们来分析趋势呢？

大鸟 我们用两个例子来做一下趋势分析，下图是 2018 年 1 月 5 日后的比特币走势。

小白 自 2018 年 1 月 5 日到 2 月 5 日，短短一个月时间，比特币大跌了超 10000 点。为何比特币会狂跌呢？

大鸟 我参考的是期货比特币 4 小时图。

首先，我们注意一下 MACD。

（1）从 MACD 的 4 小时线来看，MACD 出现背离（K 线走势越来越高，DIFF 却越来越低）。

（2）MACD 在零轴附近出现了死叉，从以前的分析我们可以知道，这预示后市即将下跌。

出现背离

零轴死叉

其次，我们注意一下 K 线，一个小型的头肩颈行情已经形成了。

头肩颈形状出现

再次，我们看一下均线，均线之间的距离拉得很远。

最后，我们可以看一下消息面，2018 年 1 月初，各国监管机构出台政策加强监管。中国人民银行 1 月初采取一系列监管措施，包括取缔相关商业存在，以及取缔、处置境内外虚拟货币交易平台网站等，以后只要发现一家就要关闭一家；同时，视事态发展情况，也不排除出台更进一步监管措施的可能。欧洲央行行长德拉吉 1 月 9 日表示，比特币和其他加密货币是风险非常高的资产，存在于不监管的空间，随着新的风险出现，比如美国的交易所推出比特币期货，欧洲央行需要关注加密货币。继摩通、美银和花旗等美国的大银行禁止客户旗下的信用卡进行虚拟货币交易，避免面临信贷风险后，英国最大的银行——莱斯银行也推出此限制。北欧地区最大的银行——北欧联合银行 1 月 10 日前发布禁令，要求员工从今年起停止比特币和其他加密货币交易；印度税务部门 1 月 12 日表示，在一项全国性调查显示印度 17 个月的加密货币交易额超过 35 亿美元后，向数十万人发出纳税通知；韩国金融监管机构宣布，自 1 月起禁止使用匿名银行账户进行加密货币交易。

综上所述，2018 年 1 月 5 日及后势比特币价格一路狂跌也就说得通了。

19.2　控制仓位

19.2.1　控制仓位的意义

小白 为什么要控制仓位呢？

大鸟 账户的严重亏损是由小亏损逐步累积起来的，这种状况应该说比较具有普遍性，要改变此状况需要提高赢利单的次数和适当做些策略上的调整，这里主要谈单次交易所造成的大损失。

如果用 10% 的资金在金市里做交易，一笔单子最多能亏多少？从这一点可以看出，账户里的大损失是和资金的投入有直接关系的，总资金 10% 的风险在满仓状况下能承受 10% 的波动，如果用半仓的资金可以承受 20% 的反向波动。

小白 这让我想起一个古老的交易谚语——小仓位博大波动，大仓位博小波动。

大鸟 是的。在用大仓位交易的时候，不允许任何人承受过大的初始头寸风险，哪怕有可能获得几倍的利润。在做每笔交易之前，交易计划都要对此笔交易所要承受的风险做个评估，你打算用多少风险资金来对抗市场里的波动？如果单笔交易最大冒总资金 5% 的风险，动用多大的仓位比较合理一些，这主要取决于产生多大的波动会导致出现止损必要的局面。

从刚开始建立仓位时说起，你为何要在当时买进？买进的理由是什么，是技术上的追涨还是抢反弹？抑或是对基本面进行分析后所做的长期投资？

技术上的买进，当有这个决定的同时也应该意识到，将来要按技术图表的情况来处理，一个可靠的图表止损反转点离现价有多远是要考虑的，如果远是否就要考虑投入的方法，要做细致长远些的打算？如果长期趋势是向上的，回落后可以认做调整，这种情况也不能主观认定它将来还是会创出新高的，即使各方面都很理想。如果是短期交易，若受强烈上涨吸引，满仓打进后出现低于成本的状况时怎么处理？

小白 的确要考虑清楚这些。

大鸟 是交易就得承担风险，普通的交易策略至少是用相同的风险博同等利润；如果为追求交易的可靠性减少交易次数，至少是用同等的风险博数倍利润。有一个比较特殊的情况是用 10 元风险博低于 10 元利润的单次交易，采用这种方法的人无疑都是很相信自己会获利的,小波动几乎都能抓住,多次累计下来也是可以获取很高的利润的。

19.2.2　控制仓位的原则

小白 具体控制仓位时有什么原则吗?

大鸟 我认为有以下几条原则:

(1)永远不要满仓。

(2)把握小的时候轻仓;把握大的时候重仓;没有把握的时候空仓(什么单都不做)。

当预测趋势将要改变的时候,轻仓做战略单或不做;当趋势已经改变的(比如突破趋势线;多根均线尤其是长期均线调转方向;突破其他某个重要压力或支撑)时候,轻仓做顺势单;当均线整齐排列时,重仓做顺势单。

(3)分批建仓,分批平仓。

(4)获得的利润不要全部用来投资,比如做一单赚1万元,那么我会出金5000元,只留5000元在账户继续投资。

小白 多少算轻仓,多少算重仓呢?

大鸟 这没有统一的标准,我认为,低于总资金10%算轻仓;大于总资金20%算重仓。如果做重仓,一定要在非常有把握的时候。

19.3　耐心拿单

小白 耐心拿单是指什么呢?

大鸟 耐心拿单包括以下两方面:

(1)没有做单的时候要耐心地等待机会。

(2)已经做了单要敢于把它拿住。

19.3.1　等待机会

小白 怎么等待机会呢?

大鸟 要像狼一样有耐心。狼的耐心是出了名的,为了等到最佳攻击时机,它可以从天没亮一直潜伏到天黑,当时机出现的时候,就会发起致命一击。但如果把一只没有捕猎经验的狗放到草原上,它很快就会饿死。草原上到处是猎物,但它就是抓不住。因为它不会像狼一样耐心等待最佳时机,而是一看到猎物就去追,追了十几次才成功一次,白白地消耗了大量体力,用不了多久,它就累得跑不动了,等待它的只有死亡。

有时候为了等待一个合适的入场时机,你需要等待好几天甚至一两周。等到机会终于来临的时候要毫不犹豫地出击,入场建仓。

19.3.2　敢于拿单

小白 敢于拿单是指拿到什么时候?

大鸟 拿到趋势将要改变或已经改变为止。我们经常会见到下面两种情况:

(1)下单后,价格逆势波动了几美元,亏了一点钱就赶紧止损。

(2)下单后,价格顺势波动了几美元,赚了一点钱就赶紧平仓。

这两种情况都是不敢拿单的表现。

小白 如果下单后设止损,设多少?

大鸟 假设设为 N 美金,那么 N 的大小是这样确定的:价格如果逆势波动超过 N 美金,趋势就可能发生改变。

小白 发生改变了就损掉。

大鸟 说得具体一点,比如做现货金,在某个压力位 1750 做空,如果设了 N 美元的止损,那么设 N 美元的理由是,如果价格上涨超过了 N 美元表明成功突破了 1750 这个压力位,很可能趋势已经改变,若不止损,会造成更大的亏损,所以此时必须止损。只要上涨幅度还没达到 N 美元,哪怕还差 1 美元,我也认为趋势没有变,过一段时间还会跌下来,所以我要坚持拿住我的单。

很多新手刚开始的时候一看到涨就做多,一看到跌就做空,一段时间后,终于亏怕了，由鲁莽变为胆小。当看到价格再涨的时候，不敢做多，仍是观望，再涨就坐不住了，一把投进去，但一看到回调就心慌，立刻平掉多单，没多久回调就结束了，价格继续上涨。

小白 所以做对了方向，要敢于拿单，只要没突破止损点，就坚信自己一定成功。

大鸟 是，如果做对了方向，就不要赚一点小钱就平仓。要先拿住，让利润奔腾，然后分批平仓，当价格到达某个支撑位或压力位时，减一部分仓；再到某个支撑位或压力位时，再减一部分仓；预计趋势将要逆转的时候，全部平仓，或者等到趋势已经逆转的时候全部平仓。这样利润会少一些，但也是很可观的。因为趋势是否逆转是很难判断的。

很多新手往往因判断错误而中途平仓，于是失去了很多利润。所以，可以一直拿到趋势逆转为止，此时可以吃掉一大波行情的大部分利润。

第 20 章　投资心理学

新手进入数字货币市场，除了学习基础的市场知识，以及掌握分析和操作的基本方法，塑造成功的交易心理也有着重要的意义。古人云：功夫在诗外。其实，要想成为数字货币市场上的常胜将军，心理因素往往是关键。

小白▷前面我们讲了技术面、消息面及操作技巧，我想问：学好了技术，看准了消息，就一定能赚到钱吗？

大鸟▷你这就好像问：武器好就一定能打胜仗吗？想要用技术赚到钱，除了技术过硬，还需要具备较好的品质和心态。技术、品质（如耐心、毅力）和心态（做单时的状态）缺一不可。技术和品质已经讨论过了，这里就不多说了。至于心态，恐怕很多新手也有一定的体会。

20.1　投资者常见的心理误区

小白▷投资和心理有关系吗？

大鸟▷有，投资者都具有在这个市场盈利的本钱和实力，但是有一点却被忽略了，就是对于人性的控制。

小白▷可以举一个例子吗？

大鸟▷比如，很多投资者进入这个市场操作实盘之前应该都做过模拟，而且大部分投资者做模拟应该都是赚钱的，极少有亏钱的，但是转战实盘之后会发现赚钱很难。这就涉及不同的心态，也就是对于人性的理解。保持健康的投资心态是投资者在投资市场中取胜的关键，也是投资者对市场获得正确认识和正确实践的必要条件，良好的心理素质可以使投资者发挥更强的思维能力和更高的效率，对基本面、技术面所发生的变化及时、客观、准确地做出分析和判断，制定较科学、合理的操作策略并严格执行。否则由于行情逆转造成账面金额的亏损，将对投资者的分析和操作造成强烈的干扰和破坏，使投资者的思维和感觉狭窄呆板，难以保持理性客观的态度去适应不断变化的市场行情，导致判断屡屡失误和操作步调混乱。

小白 的确，投资者在实战操作过程中会出现形形色色的心理误区，导致操作失误，账户资金严重亏损。所以认识并克服病态的投资心理误区至关重要。

大鸟 下面是几种常见的心理误区。

（1）盲目跟风。

（2）举棋不定。

（3）欲望无止境。

（4）把金融市场当赌场。

（5）不必要的恐慌。

（6）漠不关心。

（7）不肯认输。

（8）敢输不敢赢。

20.1.1 盲目跟风

小白 盲目跟风是指什么呢？

大鸟 现货市场受诸多复杂因素的影响，其中投资者的跟风心理对市场影响很大。有这种心理的投资者，看见别人操作得热火朝天，生怕跟不上脚步错过行情，也匆忙买入或卖出，这就是我们通常所说的"追涨杀跌"。此时一旦发生某种突发事件，如恐怖袭击等，数字货币价格在群体跟风操作下会市场力量失衡，导致价格剧烈波动，最后往往会被华尔街大鳄们所吞没。因此，投资者要树立自己的买卖意识，不能跟着别人的意志走。

还有些投资者因受某些环境因素和小道消息的影响，会立马对市场失去信心，感到恐慌，开始胡乱操作，但许多经验表明，不必要的恐慌往往是虚惊一场。当然，若这种情况发生在非常时期（如战争、经济危机等）则在情理之中。但在一般情况下，很多消息都是不实消息，放出不利消息的目的就是引起抛售或大涨，以转移资金。所以，作为投资者，要在不利消息面前保持镇定，仔细分析消息的可靠性。倘若消息可靠，还要看这种消息所产生的影响是长久的还是暂时的。

20.1.2 举棋不定

小白 举棋不定是指什么呢？

大鸟 具有这种投资心理的投资者，原本在操作之前已经制订了计划，考虑好了投资策略，但受到他人 "羊群心理" 的影响，步入市场后，一有风吹草动就不能实施自己原来的投资方案。例如，投资者已经发觉自己手中持有的多单价格偏高，到了平仓的时机，也做出了卖出的决策。但在临场时，听到别人与自己看法不同的评论时，卖出的决策马上改变，从而放弃了一次平仓的大好时机。或者，投资者已看出当前价格偏低，是适合买入的时机，并做出了逢低做多的投资决策，但临场见到的是做空的人挤成一团，于是临阵退缩，放弃了入市的决策，从而失去了一次赚钱的良机。

还有一种情况是事前根本就不打算操作，但看到许多人纷纷入市时，不免心里发痒，经不住这种气氛的诱惑，从而做出了不太理智的投资决策。由此看来，举棋不定的心理主要是在关键时刻不能做出判断，错过良机。

20.1.3 欲望无止境

小白 欲望无止境有错吗？投资者想获取投资收益是理所当然的，要不然为什么来这个市场呢？

大鸟 你说的没错，但是不可太贪心，有时候，投资者的失败就是由于过分贪心造成的。"有利都要，寸步不让"，市场上这种贪心的投机者并不少见，他们不想控制自己，也不能控制自己的贪欲。

每当价格上涨时，总不肯果断地抛出自己手中所持有的多单，总是在心里勉励自己：一定要坚持到胜利的最后一刻，不要放弃更多的盈利机会。这样往往就放弃了一次平仓的机会；每当价格下跌的时候，又迟迟不肯买进，总是盼望做在最低点。这些投资者虽然与追涨、追跌的投资者的表现形式不同，但他们有一个共同之处，就是自己不能控制自己，这种无止境的欲望会使本来已经到手的获利一下子落空。

他们只想到高风险中有高收益，而很少想到高收益中有高风险。华尔街也有一句名言：多头和空头都可以在华尔街证券市场发大财，唯有贪心不能赚钱。所以，劝君莫贪心，不要总羡慕他人的幸运，应相信分析，相信自己对经济形势及大势的判断，果断行动。

20.1.4 把金融市场当赌场

小白▷把金融市场当赌场指什么呢?

大鸟▶具有赌博心理的投资者总是希望一朝发迹，希望可以有一波行情能够百分百抓得住，好让自己一本万利。他们一旦在市场投资中获利，多半会被胜利冲昏头脑，像赌徒一样频频加注，恨不得把自己的身家性命都押进去，直到输个精光为止，我当初入行的时候也是其中的一员；当操作频繁失利时，他们常常不惜背水一战，把资金全部投在某一单上，最后大都落得一个倾家荡产的下场。所以，市场不是赌场，不要赌气，不要昏头，要分析风险，建立投资计划，尤其是有赌气行为的人，在操作之前一定要先建立投资资金比例。

有些投资者输了就想翻本，越输心态越差，最后胡乱做单。其实，真正的技术高手，在心态不好（如生气、郁闷、和同事或妻子吵架）时就不再做单，待心情平静后才开始做单。

20.1.5 漠不关心

小白▷漠不关心指什么呢?

大鸟▶有些投资者在操作实盘时，随便做一单后就不闻不问，任其自然发展下去，有时甚至全权委托给自己的亲朋好友操纵，如果是在顺势的情况下，这种做法还可以赚点钱；如果处在逆势当中，必然会血本无归。因此，只要你有操作，你就是市场中的一员，应时时关注市场的动态，关心自己的单子，多和你的指导老师沟通，更重要的是要有自己的判断。

小白▷自己的钱要自己负责。

大鸟▶没错，无论何时都要自己操作账户，不要把账户密码交给任何人。

20.1.6　不肯认输

（小白）不肯认输指什么呢?

（大鸟）在充满竞争和风险的数字货币市场里，既没有常胜的将军，也没有常败的士兵。关键是要顺着市场行情的变化，采取灵活应对的策略。当趋势改变的时候，不要被损失所纠缠，应当机立断，忍痛割爱。一些投资者总存在"不认输"的心理，当价格上升赚了差价时兴高采烈。一旦价格下跌，总盼望它能很快升起来，而完全不去分析大势，有时还凭着想象在技术面和基本面上寻找支持自己想法的依据，殊不知，这样做只是自欺欺人，最后吃亏的还是自己。

（小白）该认错就认错。

（大鸟）是，不怕错，就怕拖，及时认错很关键。有些人的自尊心不允许自己认错，明明趋势已经反了却死扛，错了也要坚持到底，这是大多数新手的本能反应。而对于一个拥有成功的交易心理的老手来讲，认错就和呼吸一样自然。杰西·利沃默说："一个人如果不犯错，就可以在一个月内拥有整个世界。"拥有整个世界的人还没出现过，因此不犯错的人并不存在。在比特币市场上，敢于认错、及时认错的人才能笑到最后。

有人曾经做过一个统计，在亏钱的大多数人中，实际情况是赚钱的次数要多于亏钱的次数，但是赚的往往是小钱，亏的往往是大钱，一次亏损就抵消了很多次赚的钱，也就是说，最后的亏损往往是由于一两次大亏损造成的，这是大多数人亏损的主要原因。

（小白）人们看见的、听见的只是他们想看见的、想听见的，而不是事物的本来面目。

（大鸟）是，投资者应该摒弃自己的成见，及时认错才能使自己从被动中脱离出来，这是成功的交易心理的另一个重要方面。

在比特币投资中，正确客观地对待自己对于行情的研判和预期，是投资者走向成熟的重要标志。当行情和自己的预期不一致的时候，更应该相信市场、相信盘面。

20.1.7 敢输不敢赢

小白 敢输不敢赢指什么呢?

大鸟 许多投资者初入市场,做了单子之后看到赚钱了就迫不及待地要获利了结,因为他们认为只有把钱装进口袋里才算安全。当然这个想法没有错,但是如果想要在这个市场赚大钱,就必须要有敢赢的魄力。

小白 操作技巧很重要。

大鸟 既敢输,更敢赢,盈亏相抵才赚钱。有些人赚了好多次钱,但是几次赚的钱加起来都不够亏一次的,这种做法是很不可取的。我们一般建议投资者在有把握的行情下坚守利润,不随便平仓。

许多投资者赚的钱非常有限,亏的钱却非常多。亏多了更舍不得止损,最后导致亏损越来越严重,操作越来越被动,最终导致大家都不希望发生的事情。

小白 让利润再"飞"一会。

大鸟 对,一个大的消息面出来后,一般来说,需要市场消化一段时间,有的时候是几个小时,有的时候是几天。如果你早早就抛了,趋势却没有变化,岂不后悔?

20.2 投资者常见的问题

小白 投资者会碰到很多问题,我选出比较有代表性的几个和大家讨论一下。

大鸟 好的。

20.2.1 关于"泡沫"

小白 好多人包括专家都称比特币是一种泡沫,这是真的吗?

大鸟 什么是泡沫? 泡沫的引申意思是某一事物所存在的表面上繁荣、兴旺,而实际上虚浮不实的成分。例如泡沫经济,是指因投机交易极度活跃,金融证券、房地产等的市场价格脱离实际价值大幅上涨,造成表面繁荣的经济现象。简单来说就是价格脱离价值,世界上第一个比较有名的经济泡沫就是"郁金香泡沫",堪称泡沫鼻祖。

案例：郁金香泡沫

当郁金香开始在荷兰流传后，一些机敏的投机商就开始大量囤积郁金香球茎，以待价格上涨。不久，在舆论的鼓吹之下，人们对郁金香表现出一种病态的倾慕与热忱，并竞相抢购郁金香球茎。1634 年，炒买郁金香的热潮蔓延为荷兰的全民运动。当时 1000 元一个的郁金香花根，不到一个月就升值为 2 万元了……正如当时一名历史学家所描述的："谁都相信，郁金香热将永远持续下去，世界各地的有钱人都会向荷兰发出订单，无论什么样的价格都会有人付账。在受到如此恩惠的荷兰，贫困将会一去不复返。无论是贵族，还是工匠、船夫、随从、伙计，甚至是扫烟囱的工人和旧衣服店里的老妇，都加入了郁金香的投机中。无论处在哪个阶层，人们都将财产变换成现金，投资于这种花卉。"1637 年，郁金香的价格已经涨到了骇人听闻的水平。与上一年相比，郁金香总涨幅高达 5900%！1637 年 2 月，一株名为"永远的奥古斯都"的郁金香售价高达 6700 荷兰盾，这笔钱足以买下阿姆斯特丹运河边的一幢豪宅，而当时荷兰人的平均年收入只有 150 荷兰盾。

就当人们沉浸在郁金香热时，一场大崩溃已经近在眼前。由于卖方突然大量抛售，公众开始陷入恐慌，导致郁金香市场在 1637 年 2 月 4 日突然崩溃。一夜之间，郁金香球茎的价格一落千丈。虽然荷兰政府发出紧急声明，认为郁金香球茎价格无理由下跌，劝告市民停止抛售，并试图以合同价格的 10% 来了结所有的合同，但这些努力未起到任何作用。一个星期后，郁金香的价格已平均下跌了 90%，那些普通品种的售价甚至不如一棵洋葱。绝望之中，人们纷纷涌向法院，希望能够借助法律的力量挽回损失。但在 1637 年 4 月，荷兰政府决定终止所有合同，禁止投机式的郁金香交易，从而彻底击破了这次历史上空前的经济泡沫。

而在中国，最有名的泡沫是"海南房地产泡沫"，它造就了无数地产大佬，现在活跃的不少国内地产大佬都从海南捞了一桶金。迄今为止，最大的一次泡沫是世纪交接的互联网板块泡沫。

于是不少人以此抨击比特币，认为比特币的价格上涨是毫无价值的经济泡沫。从现阶段来看，比特币没有创造出任何附加价值，这确实是不可争辩的事实。

小白 的确如此啊！

大鸟 不过事情要分两面来看，为什么事物会产生泡沫？因为该事物具有被炒作的价值，同时在炒作的背后还会有更加奇妙的附加价值诞生。郁金香泡沫过后，荷兰进一步奠定了海上马车夫的交通枢纽作用，国家的经济流通能力进一步增强；海南房地产泡沫为中国的地产改革敲响了警钟，倒逼国家调整地产政策，并反向推动了国家全面改革的浪潮。现在，海南的地产价格早已非往日可语；互联网板块泡沫自然不用多言，互联网已经遍及世界，几乎每时每刻都影响着每个人。

其实，每次金融腾飞都源于泡沫破灭之后人们的进一步努力和反思。比特币也是一样，价格出现过一次次狂飙猛进，看似泡沫起伏破灭，但悄然间比特币背后的生态链却一点点成型，令世人慨叹。它在价格最高点的时候向世界宣称：我在这里。而在价格最低点的时候悄然地接受各种风投，建立基于区块链的各种科技应用。

如果比特币是一场泡沫，那泡沫还真的不够大。

20.2.2　关于"传销"

小白 还有的人说数字货币是传销……我说我想买比特币，亲戚直接来一句"那就是传销"！真的好尴尬。

大鸟 通俗来说，以销售或推销货品为名义，以诱惑、拉人入会、收取入会费为主要盈利途径的行为，即传销。

1998 年 4 月 21 日，中国政府宣布全面禁止传销（《关于禁止传销经营活动的通知》）。鉴别传销的重要依据是奖金分配制度是否是金字塔分配。传销是有据可查，有法可依的。比特币作为一种去中心化的货币，竟被扣上一个"传销"的帽子。

比特币没有中心，也就没有核心受益体，谁都可以买，哪里都可以买。任何人买币卖币，也不会给其他人带来实际的收益。比特币玩家喜欢向身边的人推荐比特币，仅仅是觉得比特币能够带来财富和信仰，就如同自己买了一只很好的股票，于是善意地推荐给朋友一样。

比特币不仅可以买卖，更可以通过矿机的形式进行挖掘，也能够以其他形式来获得，更谈不上上级向下级"传销"。

20.2.3　关于"庞氏骗局"

小白 也有不少人说比特币是庞氏骗局。

大鸟 比特币当然不是庞氏骗局。庞氏骗局说的是金融领域的投资诈骗，是金字塔骗局的始祖，很多非法的传销集团就是用这一招聚敛钱财的，这种骗术是一个名叫查尔斯·庞兹的投机商人"发明"的。

庞氏骗局在中国又称"拆东墙补西墙""空手套白狼"。简言之，就是利用新投资者的钱向老投资者支付利息和短期回报，以制造赚钱的假象，进而骗取更多的投资。比特币的代码开源、发行方式开源、所有账目均可查询，不是也不可能是庞氏骗局。

小白 但为什么比特币经常和庞氏骗局联系在一起？

大鸟 因为想借比特币分一杯羹的企业良莠不齐，不少企业打着比特币的旗号招揽资金，伺机牟利跑路，所以才让比特币背负上了庞氏骗局的恶名。

比特币作为科技产物，投资门槛其实不应该太低，投资者在对比特币有相应了解的同时更应该拥有一套独特的甄别比特币企业的手段。

遗憾的是，大多数比特币投资者都不具备这样的素质，只想着一夜暴富，看到高收益的比特币理财或各种免费平台就一哄而入，殊不知，这些平台机构正是利用了人们的这种贪婪心理为自身营造了跑路的机会。

比特币很伟大，利用比特币的那些公司和个人却不一定很伟大，比特币投资者要时刻擦亮眼睛，坚决抵制那些利用比特币做坏事的企业。

20.2.4　关于"带盘老师"

小白 对于数字货币期货，我的期货技术水平不高，就是一个菜鸟，也不想学技术，能够赚到钱吗？

大鸟 能。但只有一个办法，就是找一个可靠的、厉害的人带你，只是这样的高手是很难找到的，看你有没有这个运气了。

小白 我也找过老师，而且我每次都严格按照带盘老师的建议去操作，为什么还是亏钱？

大鸟 现在的带盘老师大多建议新手做短线，可是做短线难度很大，若老师带盘功底不够，再加上新手心态不好，就会使成功率很低。事实上，国内的短线高手是很少的，但是带盘老师却数量庞大，很多老师是滥竽充数，客户能不亏损吗？所以，一般的带盘老师是不可信的。那么，谁是最可信的？你自己，你自己的分析技术和行情判断。

小白 如何判断一个带盘老师的水平高低呢？

大鸟 观察一段时间，一周或十几天，统计他所有喊的单，看看成功率如何：高于 60%及格；高于 70%优秀；高于 80%一般高手；高于 90%顶尖高手，全国屈指可数，这样可以过滤掉一大批劣质分析师。如果发现他们不行，立即换平台找更好的老师，或者自学技术，自力更生。自学技术是大多数投资者最后必走的路。

小白 你这么说可能会让很多带盘老师和投资公司不高兴！

大鸟 没办法，其实我始终站在广大投资者这一边，为投资者考虑。而且，我这么说，从长远来看，其实对投资公司和带盘老师都是有利的。因为只有广大投资者减少了亏损，赚到了钱，做数字货币期货投资的人才会越来越多，行业才能兴旺起来，投资公司和带盘老师才能长久生存。

小白 难道短周期赚不到钱吗？

大鸟 很难赚到，很多人喜欢看 5 分钟 K 线甚至 3 分钟、1 分钟 K 线做小行情，三五美元的行情也去做。赚取的利润可能还不够一次止损的，很多次操作下来几乎是亏损的。这些投资者就是为公司做贡献的，每天向公司上交很多手续费。

20.2.5　概率问题

小白 为什么分析行情时总是用"可能""很可能"这样的词语，而不用"肯定""绝对"这样的词语？

大鸟 因为在投资市场讲的是概率，而不是绝对。投资市场中也没有绝对，一切皆有可能，否则市场也就不存在了。

20.2.6　操盘系统能解读所有市场波动吗

小白 这本书里讲的操盘系统，那几把看起来神乎其神的利剑（K 线、均线、

MACD、黄金分割）能够解释、读懂、预测所有的市场吗？能够读懂价格的每次波动吗？

大鸟很显然不能。世界上没有一种操盘系统能解读所有市场波动。无论一个人的分析技术多么厉害，无论其实盘经验多么丰富，总会碰到很多看不懂的行情，就是无论用什么技术理论都无法理解某些行情，就连消息面也不能解释。此时，我们不要惊慌。因为市场是一门很博大、很高深的学问。而人们目前并没有完全认识市场，甚至可以说，人们永远也不会完全认识市场。所以，总会碰到一些看不懂的行情。但人们对市场的认识总是在不断进步、不断完善，现在不能解读的行情，将来很可能就被人们很容易地解读了。

小白当我们遇到这种看不懂的行情时，应该怎么办？

大鸟避开，研究。

避开是指按兵不动，不要盲目做单，我们只做看得懂的行情。当然，技术分析水平越高，能看懂的行情就越多；技术分析水平越低，能看懂的行情就越少。但即使水平不是很高，也完全不用担心因为能看懂的行情较少而赚不到钱，在一个月当中，能看懂并抓住一两波行情就可以赚得盆满钵满。而随着技术水平的提高，我们就能看懂更多的行情，赚到更多的钱。

研究就是指在这段看不懂的行情发生的当下和之后，努力寻找原因，先运用自己学过的各种技术理论进行解读。

小白如果这样做还不行呢？

大鸟那就去请教其他技术高手，再不行就去自学新的有可能解释这段行情的技术理论。如果依然不行，那么很可能你所遇到的问题用已经公布的技术理论无法解读，这就需要你去发现其中的规律，创造一种新的理论来解读了，几乎所有技术分析理论都是这样被发现和发明的。比如 K 线，它就是日本人从米市的价格波动中寻找到某种规律而发明的。我们不要认为那些发现和发明各种分析理论的大师有多么神秘，其实他们也只是善于思考的普通人。如果我们像他们那样努力思考，也能取得那样的成就。

小白我懂了。

大鸟操盘系统中的很多内容是可意会而不可言传的，只能靠读者自己去体会了。我不敢说这个操盘系统完美无瑕，更不会说它适合每个人。但是，我可以肯定地说，这个操盘系统是非常不错的，不管你是初学者，还是有一定技术分析基础的人，都能从中获益。对于还没有找到合适操盘系统的人来说，可以从理论中汲取营养，取长补短。

20.2.7　关于"入金多少"

小白 很多老师说我赚钱少的原因是投资太少，总劝我多入金。是这样吗？

大鸟 有一句话叫"方向不对，努力白费"，如果方向做对了，趋势也对了，哪怕每天投资 0.1～0.2 手，每天赚 80 美元，一个月也有 2000 多美元的收益。但是如果方向做反了，哪怕投资再多，也都赔进去了。

赚钱少的原因不是投资太少，看看方向是否做对了。

后　记

我们一打开盘面就会看到各种指标，系统的默认指标一般是 K 线、均线、MACD 等。

笔者的软件系统也是这样。一开始我不知道各种指标的用处，学了一段时间后觉得收获很大，再过一段时间又觉得原来这些指标根本不中用，按照指标里面的说明去操作每每都会发现错误。这时候我转而寻找其他指标，甚至包括网上的各种自编指标。看到别人软件中的指标花花绿绿的：变色均线、多空提示线、主力进出线、量能八卦线……凡是网络上能找到的各种指标，我都会试一下，每发现一个"好"指标，我都会兴奋不已，以为总算找到一把神兵利器。

可过一段时间后，我痛心地发现原本很灵的自编指标又不管用了，我又陷入深深的失望中……

仔细想想，K 线、MACD、KDJ 这些最普通、"最没用"的指标发明者，哪个不是世界级的大师？他们用自己发明的指标取得了巨大的成功，网上那些所谓的专家写出来的指标会比这些大师的指标还要准确？当然不排除有这种可能性，但可能性太低了。

于是我如梦方醒，其实世界上最好的指标已经装在我们的软件中了，就是我们认为最普通、"最没用"的指标——K 线、均线、MACD、KDJ。我们之所以觉得这些没用，是因为我们不会用。

指标就像一把剑，但光有剑不行，还得有高超的武艺，这样它才能发挥效用。一把剑在赵云手里可以纵横敌阵，而在普通人手里也只不过是一把普通的剑；一把刀到了关羽手里可以过关斩将，而到了普通人手里也只是一把普通的刀。

这里要说明一下，很多指标是需要优化的，这就像兵器一样，它不可能适合所有人，指标参数的选择、线条的数量等都可以根据自己的需要优化。

认识到这一点，我们就不用去理会网络上那些五花八门的指标，只需要精通指标中的几种就足够了。本书就是把那些最常用而又最被忽视、最普通而又最神奇的指标介绍给读者。本书没有讲太多的指标，而是对少数几个指标进行深入讲解，让初学者可以快速掌握指标的使用精髓，并形成一套自己的操作体系。读完本书不一定能让你成为顶级操盘手，但一定会让你在短时间内摆脱"菜鸟"的头衔，踏上技术分析的大道，享受盈利的快乐。

学无止境，笔者能力有限，还望读者朋友不断阅读经典著作，取得更大的进步。

最后，衷心希望各位投资者能够在数字货币市场里游刃有余，捞到属于自己的那桶金！